菩薩心語 6

暢銷作家 黃子容 著

樸實人生心領悟

菩薩心語如甘露

暖色人生心暖心

放下執著心開悟

樸實人生，新生活

黃子容

前一陣子出版了一本新的書籍《看開看淡，人生就能捨得放下》，相信看完這本書籍之後，大家對於人生有了不同的看法，對於自己想要的，開始有了不同的選擇了，這是件好事。

不管你做了什麼樣的選擇，人生有選擇，總是一件令人開心的事。

當然，我們的人生在選擇之後，未必能夠達到我們想要的結果，這個結果往往是帶來人生衝擊與領悟最重要的因素。

有的人歡喜接受了這個結果，歡喜的成分，是因為這個結果跟他所預料的相差不遠，所以他接受了，心裡也歡喜了。

但是，對於結果不甚滿意的人來說，這個結果可能跟他當初所預設的結果不太相同，在不得已以及不能夠改變結果的情況下，選擇了接受。

我覺得這也是一種學習，人生當中不是你所想要的東西，都一定能夠得到的。

當我們得不到的時候，學習接受事實、接受結果，或許會讓人感覺到沮喪，產生許多的煩惱出現，但是這就是我們要學習面對的。

大家學習看開看淡之後，人生比較不會產生太多的煩憂以及煩惱。

如果你有仔細閱讀上一本書籍，我相信你的人生一定會有一些不同的轉變，至少對於很多得不到的人事物，開始有些念轉的想法。

《菩薩心語》系列書籍，我相信能夠為你的心靈，帶來一些支持的力量。

我們未必要把人生過得十分精彩，但我們可以把自己的人生過得十分踏實，甚至於讓自己感覺到安心自在，這個安心自在對於每個人來說，是十分重要的，人生經歷過了某些階段之後，你會慢慢了解到，安心自在的人生，是多麼重大的一件事情。

未必你過去在人生當中，得到了什麼讓你覺得非常有成就感，或讓你值得驕傲的事。

但是，如果你現在的生活，讓你感覺到安心自在的話，你會察覺，安心自在的感受可以讓你得到人生最大的安全感及成就感。

你會發現人生努力了那麼久之後，其實最想要的就是平安，最想要的就是健康，而如果可以讓你去除人生當中的煩惱，可以活得安心自在，那麼就是人生最大的收穫以及成就了。

人生的轉念需要循序漸進的訓練，我們現在所接收的心靈成長力量，就是一股改變的動力，轉變的力量。

「菩薩心語」當中所節錄的內容，都是平常菩薩給予我們的力量，這些文字就像是菩薩的甘露水一般，在我們需要一些文字力量支撐著我們的時候，出現在我們的生活當中，給予我們一個想法，一個轉念，一個前進的動力。

甚至有時候，這些文字的出現，會讓我們知道該努力的方向。

「菩薩心語」這本書真的非常的重要，你可以翻閱其中的字句，它會讓人有所領悟，讓你不再執著於某些固執點，也可能激化了你不同轉念的方式以及想法。

人生如果可以少點執著，就會多一些自在，如果多了一些自在之後，安心的力量就會在你心中生根，你就能夠比別人少一些煩惱，多一些快樂。

這系列書籍已經出版到了第六集，今年度幫大家在安太歲與點光明燈時，菩薩給予了一個「樸」字。

我們都知道樸這個字代表者本質、本性實在、不浮華的意思。如「樸實」、「樸直」、「質樸」。這些都是說明著本質純實未加修飾的意思。

我們的生活未來要朝著這個目標邁進，依循著樸素、簡樸、樸拙，除去外在的一切牽絆，回復到純樸原始的自然本性。

我想菩薩應該希望我們開始學習樸實的生活以及找回純樸的個性，回歸到人類最原始的本性，去除外在的修飾，以及多餘的浮華不實，將生活回歸到本質當中，把自己的個性調整到樸實無華的狀態，你的人生會開啟新的一頁。

當一切回到樸實，很多感受會開始變得不一樣，你不再汲汲營營的想要去追求某些事物，人生就會變得踏實一些。

樸實無華的生活是我們未來想要努力的方向，任何人事物如果都能夠精簡，代表著最重要的都留在我們身邊了，那麼還有什麼需要我們花那麼多的時間以及力氣去爭取？

當你不再需要花那麼多的時間以及力氣去爭取時，就可以多留一點力氣以及精力在自己的身上，從心靈提升開始找回內在的自我。

從內在提升去做學習，去了解生活當中的感受，有同理心的方式去看待人與人之間的關係，那麼你的人生將會有很大的不同，開始變成一個溫暖的人。

以前我在寫親子教育書籍的時候，我會鼓勵家長們陪伴孩子們一起成長，讓孩子學習做一個暖色系的孩子。

現在也很希望這個暖色系的學習，也可以回到我們大人身上。

從現在開始，我們鼓勵大家學習當一個暖色系的人，懂得給人溫暖，懂得成為別人心中安定的力量，不再用華而不實的言論去激化別人的心。

學習做一個暖色系的人，溫暖別人，給別人安心自在的感受。

過去我們發現，有些人講話很喜歡挑動別人的情緒，常講了某些言論，讓別人產生擔憂、害怕、恐懼，然後再去解決別人的問題，讓自己感覺到擁有很大的成就感。

先嚇嚇你，再幫你解決問題？這樣好嗎？

我們現在不需要這樣的言語激化，我們應該把話說好，發揮溫暖的力量，而不是讓人產生恐懼或是激化了對方的情緒。

所以，我覺得應該要培養自我的意識，當你發現別人對你說某些話語的時候，很容易激發起你自己的情緒，你自己也應該要有意識與了解到自己的情緒被激化了，告訴自己：我不應該受到影響，我應該要學習沉澱。

那麼當你學習沉澱之後，也懂得幫助自己，就不容易被人家影響了。

你擁有非常沉穩的力量以及穩定的情緒，那麼人生真的就能夠自在許多。

希望「菩薩心語」系列可以用最簡單的文字，帶來最強大的安定力量。

我始終都相信，閱讀書籍可以改變人的一生。

你可以從文字當中得到力量，得到安撫，得到救贖，甚至於可以找到人生前進的動力。

閱讀書籍是件很棒的事，我歡迎大家一起來閱讀書籍，一起從中找到自己的人生真諦，以及生活的態度。

加油，一起念轉運就轉！

自序

勿慌 心定

菩薩心語

勿慌・心定

放鬆自我，認真檢討

●有些人對於犯錯這件事情，會產生罪惡感，然後就會對自我不斷地做檢視及懺悔。

這樣的人，人生大多數的時間，時時刻刻都在擔心自己犯了什麼錯，時時刻刻都在要求自己不要犯錯並懺悔，並要把懺悔的功課做到很好，但整個人也呈現出緊張慌張的樣子。

有時候為了一點小事，或做錯了一點小事，就開始覺得懊悔、難過，並質疑自己為何有這樣的念頭出現？整個人呈現出了負面的能量，一直在處理犯錯的事宜，內心不斷懊悔著。

感覺上修行變成了痛苦，時時緊盯著自己的行為，無法放鬆，無法正視。

菩薩要我們學習反省，是要在事情發生之後，學習檢討，懺悔過後，了解到這就是自己的人性、自己的缺點、或者是自己不可再犯的事情，只要把這件事情記得，放在心裡面，明白了，學會控制自己，下次不要再犯就好了。

不要太過於嚴格，不要太過於緊張，而覺得犯了這個錯會遭到什麼樣的懲罰，或遭到什麼樣的教訓。

不要把犯錯當作是一件非常嚴重的事情，犯錯也是學習的過程，不是故意犯錯，都是種經驗學習。

菩薩並不會覺得一直犯錯的人是退步，犯錯反省之後能夠督促自己就好。

菩薩希望在督促自己的當下，情緒不要是負面的，不是自責的，是要懂得警惕自己。

今天犯了某個錯，知道自己不對了，那麼要懂得警惕自己，告訴自己以後不要再這個樣子了，不是用責罵自己的方式來面對。

放輕鬆點，因為每個人都會犯錯。

認真檢討才是我們可以不再犯的重要態度。

順序而生不強求

●菩薩認為有些人在做事情方面，要求循規蹈矩，按部就班，其實這樣的規矩是很好的，但是強烈的要求自己之外，還要要求別人，未必就會那麼的順利，因為不是每個人都願意被要求或被規範！

有些人一旦發現有人不按規矩，不按部就班，就會生氣了，菩薩希望這樣的朋友能放鬆一點。

因為每個人做事的順序不太一樣，有的人的順序是一三五七九，不見得是一二三四五的順序，甚至可能有人的順序是二四六八十，你不能說他們錯，他們只是先做他們認為重要的事而已，但不代表一定是錯的，只是每個人認為重要的事情先後順序不盡相同。

例如，你覺得進門要先洗手是重點，可是，可能有人覺得先脫掉外套再說。

每個人做事的方法不太一樣，但不代表是錯的。

在工作職場上也是一樣，有些事情不見得是錯的順序，只是有些人的認知認為哪一樣先做比較好。

菩薩說，多一點耐心，讓別人把事情做完，你會發現結果是一樣的，中間生氣與緊張的過程其實是多餘的。

如同孩子在走路，你一路很緊張地跟在身後，但孩子跌跌撞撞終究還是到達了，你其實是白擔心，因為他還是到了。

每個人的人生路，都是這樣走過來的。

所以，就讓他自己走到，而你就學習放手。

很多過程順序而生，會有怎樣的順序，放手便自然。

他人也有自我選擇權

●對於他人不要太過於嚴苛，給別人一點可以做決定的自主權。

不要把所有的自主權都抓在自己手上、幫別人做好，控制會讓別人與你相處時倍感壓力。

別人會覺得沒有自己的空間，沒有可以自己做決定的能力，慢慢地，對方可能覺得自己的能力被削弱了，開始覺得自己不夠好，漸漸的變得沒自信了。

所以要適度地放手，讓他人自己試著去做看看。

你可以擁有生活的選擇權，也學習尊重別人的自我選擇權。

放下控制，生活更美好。

強迫他人接受是痛苦

●不要直接明白的講述了自己聽到的、學到的道理，以免與人發生口角，也不要自視甚高，覺得別人不懂你所知道的道理。

學習要謙卑，就算別人不了解某些道理，還是可以好好說明讓對方瞭解。道理要用委婉的方式講給別人聽，人們才會接受，對人才有幫助。講了道理，強迫他聽，強迫他接受，只是一種痛苦，只是一種反差，只會增加誤會。

所以如何讓人能夠聽進去大道理，就是每個人的做法跟智慧。

尋求心靈平靜

●菩薩說，努力的在尋求心靈上的平靜是好事，但不平靜總有一定的原因，應該要設法去找出心靈不平靜的原因，並做一個回顧，也許情緒有個出口，這樣也可以真正的治癒自己，找到讓自己平靜下來的方法。

有的時候，我們會勸人家：「你不要傷心，不要難過，不要再去想了。」「不要再去想了！」這不見得是最好的方法！因為我們都不是當事者，這樣的說法也無法真正的安撫到對方。

我們應該讓他繼續想，把事情好好地想一遍，甚至好好地哭出來，讓情緒有個出口可以宣洩。

所有的不甘心，所有不理智的情緒，都可以在那個時間頓時出現，只是為了讓自己重新整理不好的情緒以及悲傷的過程，然後讓它過去。

心不靜，不要祈求立即心靜，耐心找出原因來，才能真正看見自己內心的不安。

做任何事要懂得靜心下來，想辦法讓自己清心寡慾、無所擔憂的，就是最快樂的人生了。

懂得如何讓自己開心，打從內心真正的開心，菩薩會喜歡這樣的我們。

菩薩希望大家在未來的日子裡，要學習做一件事情：讓自己在不放鬆的情況下學習自在；在擔憂的情況下學習放手；在憂傷當中學習尋找快樂的方法。

帶著勇氣向前行

●希望每個人做任何事情的時候，能夠憑藉著自己的勇氣向前行，不要害怕。

不擔心，不害怕，不用擔憂結果會是如何的，你只要有決心，就可以把事情做到最好。

菩薩給我們滿滿的勇氣，我們可以做的任何決定跟任何事情都是讓自己快樂的，不是做了決定，反而讓自己擔憂，做了決定就是要快樂。

做了會很擔憂或是擔心害怕，就不要做。

任何事情的經歷都是有其成長的必要性，看起來也許殘忍，接受起來也許艱難，但這些過程一路走來，都會變成我們自己的養分，而這個養分可以讓我們更堅強，也可以讓我們學會更能接受。

學習如何讓自己接受人生不同的結果，找尋到適合自己的方法，就能走在菩薩道跟善道。

歷經了過去的生活歷程，我們已經可以越來越勇敢了，菩薩喜歡人們學習勇敢，未來我們一定也會非常喜歡努力勇敢的自己。

菩薩同在

●菩薩要我們一直不斷地去找新鮮的、快樂的、美好的事，就像一隻飛翔的蝴蝶，這蝴蝶永遠都會去接近甜美的花蜜，以及快樂的事物。

所以讓自己像隻蝴蝶一直不斷地飛，當你覺得飛累了，沒關係，停駐後展翅起來繼續飛，菩薩與你一起同飛。

認真做好人生圓滿的功課是很重要的，你也亦步亦趨很努力地在進行著自己所謂人生當中的功課，懂得追求屬於自己自身的幸福。

而保有美好善良之心的同時，菩薩希望你有懂得保護自己的機制跟方法，不要太相信或太聽信別人說的就以為是真的，有的時候要冷靜下來想一想再做決定。

而不管你做的決定是什麼，菩薩與你一同經歷著，菩薩也一起守護著。

懂得拒絕，也讓別人更尊重你

●菩薩說，有些人一直以來看起來都是傻傻的，好像很好欺負，於是在辦公室中，有人要求他幫忙做事，他不敢拒絕，工作內容越來越多，卻得不到別人的尊重，也不懂得拒絕。

這樣的你，有時候與人相處，別人要求做的事情，不敢拒絕，因為害怕不被喜歡，又害怕造成別人的負擔，害怕造成別人的困擾，所以你一直以和善為主，什麼事情都說：可以！都好！沒關係！

但長久下來，那些人開始不做自己的事情了，而把事情分出去，一直不斷地在占你便宜，這個時候你才意識到別人並不尊重你，也不在乎你的感受，才驚覺要開始學習「適時拒絕」這件事情了。

哪些人是真心對你好的，你要給他方便，是沒有問題的。

但哪些人只是一直不斷利用你的，你可能要想一想，學習如何拒絕別人了！
不能夠讓別人一直不斷地利用你，或是對你予取予求。
學習如何拒絕！
對你好的人，你看得出來，你可以接受。
對你不好的，要開始慢慢學習拒絕了。
適時懂得拒絕，也會贏得別人對你的尊重。

圓滿

●修得圓滿。信心圓滿。自信圓滿。生活圓滿。

學習著如何讓很多事情在衝突點的時候，能夠達到圓滿，能夠大家都圓滿，是很重要的。

所以大家都在生氣的時候，想辦法讓大家不要生氣。

大家都有需求的時候，想辦法讓大家都能夠得到，這就是圓滿。

怎麼樣讓憤怒平息，也是圓滿，但也都是自己的功課。

所以在這些過程當中，你也可以學習如何找到方法，可以讓彼此都更加的圓滿跟成熟。

學習圓滿很好，也不要忘記讓別人也學習自己的課題，讓別人圓滿他自己的、承擔他自己的責任，也是一種學習圓滿的智慧。

圓融

●菩薩希望人能更圓融一些，做事情就永遠會有貴人在身邊幫助你，所以做事情就勇敢、圓融地去做。

學習理性，有很多事情你可以選擇不說，是因為這樣的結果不說出來，有時候是比較好的。

菩薩說，很多時候我們可以從旁邊的角度，去看見別人不同的面向，把你所看見的放在心底，知道就好，靜靜地品嚐人生當中很多從背後或側面才能看到的智慧。

菩薩希望我們可以學習左右逢源與圓融。做任何事情有得就有失；所有事情都有兩面想法，任何事情都可轉向正面想，也可以轉向反面想，就看你怎麼想。

任何事只要正反兩面你都想過了，就會想到自己的答案，而且幫助自己在遇到困境時都可以克服。只要兩面你都想過了，你就一定會產生智慧。

理性學習著思考，才可以做出對整體都好的決定。

過去或許執著某一個點、一直不願意放下，若可以學習全面性、通盤性地去考量整個事情發生的緣由，學習瞭解別人為什麼這樣做，就不會再糾結某個點了。

而後，在你的身上，在你的面容上，都可以看見最寬容、最包容、最具有慈悲的笑容。

開啟正能量

●菩薩希望每個人負面能量不要太強，能夠靜下心來，不要擔心，不要傷心。

聚焦在自己身上，做自己的決定比較重要。

盡量不要去想負面的事情，不要想不好的事情，讓自己有正向的能量。

菩薩希望每個人把心打開了之後，就能開啓更多正向的能量圍繞著你自己，什麼事情都不必害怕。

當你感到畏懼的時候，告訴自己：「就是往前走就對了！不用回頭，而且我已經在正確的道路上了，不要擔憂我前進的道路方向是錯的。」

菩薩希望我們有堅強的意志力跟鬥志，可以去面對困境不害怕。

當越有勇氣面對挫折困境的時候，所帶來的正向能量會是超強的，我們絕對有能力可以幫助到自己的。

用意志力去突破你的困境，用意志力堅持你自己設定的人生方向。不求遠，也不害怕的進取，能夠把近的事情做好，才能夠循序漸進的去達成你的目標。

突破自己的困境，突破自己的侷限，突破自己原本設定的範圍，讓自己能夠突破了之後，才能夠更上一層樓。

在人生不同的關卡及路徑當中，能解開這些結，讓自己能平安順利地走下去，這是因為擁有健康、平安及正向的心理。

在修行的過程當中，你很努力，菩薩希望未來可以繼續用這樣的努力，幫助著自己，而在最後由菩薩引領你回家。

所以一點都不需要害怕，只需要繼續去追尋你所認同的，而這一切所有的力量都是向上的。

在做任何事情時，就算糾結，就算辛苦，也要勇敢向前行。

我們不用看未來，我們先看當下，每一件事情都要把它做好。

今天都還沒過完，我們就沒辦法想明天。

活在當下，認真生活，珍惜眼前的一切，開啟正能量，讓我們生活的每一天都是值得的。

用行動力證明一切

●菩薩說，要用行動力去證明一切。

「困」是一個木被四方圍住了，困在其中，木頭不動，就是堅定。不管外面怎麼困住你，裡面是堅定的，都不用擔心你被困住。總有一天，因為你自己堅定，困難自己會散開，所以自己堅定的心智是非常重要的。

心要柔軟跟堅定。

菩薩希望接下來遇到困境的時候，依然這麼勇敢跟堅定，不要慌張、不要亂，一旦遇到要做決定的時候，穩定自己的心。

雖然有一些痛苦委屈，把苦跟酸都吞下去，只要相信自己可以，就一定可以過關，你的心念決定一切，你不能讓自己倒下，忍一下就過去了。

心情其實當影響著你做事情的決定跟動力，但這不能是關鍵，你不能讓你的心情變成影響所有事情的關鍵，你要讓你「要不要、願不願意、接不接受、行動與否」成為是關鍵。

所以，你要有足夠的計畫跟行動力去做，不能等著讓人家來宰割，你要先有行動力，有了行動力就有成功的機會。

菩薩說，想法要付出行動力，做任何事情有行動力，是很棒的一件事，你的人生會因為你的行動力，越來越好，越來越堅定。

你相信菩薩一直在你身邊，菩薩的確一直都在你身邊。

因為你的善心，你的善念，菩薩一直都在，菩薩不會讓你受到任何的傷害。

就算被傷害了，你也非常足以驕傲的知道自己是善良的。

歡喜心學習

●學習的過程當中有苦有樂，但總是要抱持歡喜心，並且開心地學習著。

菩薩希望未來這樣的動力可以一直不斷地存在，而且不會耗盡，不會被削弱。

用這份力量去幫助更多需要幫助的人，然後用我們所知道的知識，用正向的力量，去給予家人們更多力量；去給予身邊需要幫助的人更多的慈悲，並教導他們認識菩薩。

菩薩希望我們凡事都往正向去想，不管情況有多艱難，不管遇到的人事物有多複雜，都依然堅持做個善良的人。

用我們的眼睛看清很多事情，用我們的身體體會很多事情，其實我們會發現人的意念是很強大的：想了好的，就會越來越好；想了不好的，就會不好。

這就是意念導向，你想要什麼樣的人生，先用自己的意念去改變自己的想法，往好的地方想，就會有好的開始。

很多事情都是人說的，人說的不一定是真的，唯有自己看到了，親自體會到了，才知道什麼是真的，所以感受也非常重要，重視你的感受，並且珍惜它。

所以相信你所相信的，相信你所認為真的道理，相信你所看到的菩薩，相信你所有的能力是可以幫助眾人的，那就是你自己。

用你自己的智慧做判斷；而不是從別人的眼裡、也不是從別人的嘴裡做判斷；是真正從你的眼、你的心、你的身所感受到的做判斷。

菩薩希望你提起人生當中不可承受之重，當你每次拿起的時候，都能覺得：「沒關係的，我可以的，我覺得好輕喔！」

抱持歡喜心學習人生，人生也會是歡喜的。

慈悲如蝶

●菩薩希望你像一隻散播愛的蝴蝶，菩薩往哪飛，你就往哪飛。

哪裡需要人幫助，你就往哪飛。

有人往生了需要蝴蝶帶領，你就往哪飛。

蝴蝶互相追隨，善與愛的能量相隨，引領眾生亡魂前往西方極樂世界。

我們要一同前往西方極樂世界，帶領眾生往好的地方去。

讓眾生可以跟隨著阿彌陀佛及菩薩的腳步。一起安祥自在地回到西方極樂世界，才能夠真正離苦得樂。

所以苦在我們身上無所謂，不要苦在眾生身上。

用愛去包圍你身邊真正需要被愛包圍的人、需要被愛的人，用你的心去感受他們的需求。

而你能夠努力的給予，便是有能力的展現，便是菩提心的展現。

另一方面，我們也要像菩提葉一樣，菩提葉有很多智慧脈絡的意義在裡面，葉子總有智慧成熟的時候。

菩提花其實就在心裡面，菩提葉要去散播很多的愛；菩薩在哪裡，它就在那裡；你在哪裡，愛就在那裡。

跟著菩薩學習，讓我們看見了很多生老病死、愛別離生死苦的問題。

學習內心可以強大到能夠成為別人的支柱，可以給別人一些建議跟建言。

如何讓自己越來越強大、慈悲的力量越強？

當一個人力量越強大的時候，慈悲力量也跟著越強，柔軟的力量也會跟著強大起來，當然也代表著更加的勇敢，更加的堅定。

任何問題解決的辦法，都永遠離不開「慈悲」兩個字。

心中有愛，就能喚醒更多慈悲的力量，也能克服更多不好的負能量，而這個心都會一直跟隨著你，這是菩薩的菩提心及慈悲心。

菩薩希望你清心、自在，隨你的心去做你想做的事。
菩薩會給你很多前進的力量，無憂無懼，做你自己。

認識菩薩

●在這樣的年紀認識了菩薩，其實都是我們自己的福氣。

年輕的時候就認識菩薩，這是非常幸福快樂的事情，而且也比別人容易親近菩薩，這也是很特別的事情。

人要懂得珍惜緣分，所有的緣分都可能是一種福報或負能量的開啓，不管它是好的，或者是不好的，都是一種開啓。

不管是累積善的福報或累積惡的緣，也都是一種開啓。

要如何將這些好的成份放在你心裡，要如何將這些化做感恩，就靠自己的智慧。

如果我們都一直在檢討別人的過錯，而忘了檢視自己，那就變成一種迷思，迷思到以為自己都是對的，而忽略別人可能也是對的。

能夠檢視自己的角度，也能夠給別人機會，那才是真正對的。

現在我們遇見菩薩了，認識菩薩了，未來我們的家人或朋友，有一天可能都會跟菩薩很親近。

菩薩希望我們未來能更加親近祂，菩薩的蓮花會撐著我們心中的心蓮，帶著我們一起走在未來人世間的道路當中。

緣，都是好緣

●菩薩希望人們學習一直不斷向上，向上攀緣，向上長緣。

所有的緣分都是好的、都是感恩的開啟，都是為了要幫助你更有力量。

所有出現在你身邊的人，都是你生命當中最美好的貴人，所以要感恩這些貴人在你身邊幫助你，並且珍惜這些緣分。

菩薩會賜予你有源源不絕的生命力，會一直牽引著你，一直守護著你，一直讓你平安。

當你害怕或需要安定的時候，就祈請菩薩，讓你越來越好，越來越有生命力。

無論如何，做了一件事情都是一個經歷、一個過程、一個協助，任何的過程我們都心存感恩。

穩定自己的心，不被善與惡的矛盾牽制住，堅持著善，就是無條件的認知善的根本，知道自己是善，就不用擔心惡的出現。

菩薩說，心中要有感恩，心中只要一旦有感恩的心，任何眼前的課題都不會是困境。

做事情不要急，如果太心急，想要馬上得到結果，可是得到的結果，不是你想要的，有的時候會產生衝擊，衝擊就會讓人傷心難過。

所以有的時候放慢腳步，反而是好的。

等待結果，放慢腳步，事情總會有成的一天。

不要急，急了很容易破壞事情。所有的緣都是好緣，所有的事情都是好事多磨，慢慢來，不急，是為了成就更好的緣分。

耐心做事，不怕作決定

●耐心做事情，對你的人生才會有更多的助益跟幫助。

理性分析，才能夠把事情的脈絡看得更加的清楚。

學習有耐心、清晰分析、脈絡清楚，對人生各個決定都是有成長、有助益的。

要認真思考每一件事情，不要衝動做抉擇。

要做決定的時候，先靜下來想一想，再做決定。

做事要有決斷力及果斷決定的能力，讓自己做決定的時候，不要優柔寡斷，不要害怕。

在面對困難時，難免緊張害怕，但只要深呼吸，就有助於你很理智的做出正確的決定。

相信自己做的決定，讓自己心定堅定，信念堅定，任何事情都不能夠動搖你相信自己跟堅定自己的決心。

只要你有心，一定會把自己照顧得很好。

要讓自己開心快樂，其他什麼都不重要。

做事情盡心盡力，便不求他人給予你好的評價，也不需要去在意別人所給予你的評論，一切都是依照心所做出來的決定、心所安置的方向。

何必去在意，然後糾結自己，讓自己難過呢？

菩薩說，如果你是一個正直善良的孩子，那麼就不需要把別人的過錯攬在自己身上，不要糾結了自己的心，讓自己的心越來越難受。學習著解放自己的心，開放自己的心，讓自己走向陽光，走向正向，陰影必定在身後。

相信自己做的每一個決定都是深思熟慮之後才做的決定，那麼就不去在意別人怎麼批判你、怎麼講你。

因為做你自己時，當下你是真心誠意自在的，不欺騙任何人，心安理得，快樂自在，這就是你一生必須要堅持的。

樂在工作

～菩薩的一段話

工作是學習，不是學習討好

●在工作上如果你已經很認真了，那麼就不要去祈求辦公室的所有同事都能夠認同你。

進入職場後，不要太在意別人對你的看法。

你可能太在意自己工作上的表現能不能夠讓別人稱讚你、說你這麼努力。

你可以很拼命工作沒錯！但如果你很拼命的，不是在工作上的本質，而是你拼命的想要做給大家看，結果大家不要做的工作，也都可以無理由丟給你，你接受了，就一直拼命地做，最後要擔責任的人是你。

萬一工作當中出錯了，別人會把責任推給你：「都他做的啊！都他負責的啊！」結果是你討好了別人，累了自己。

所以工作真正要看的是工作上的能力，不要再去討好每一個人對你工作上的看法。

也許你曾經在工作中受了很多的委屈、害怕又不敢講，希望之後的工作真的是打從心底為自己好的，不然同事不想做的都丟給你，然後你只得拼命地去做，因為你使命必達。

不要再去在意要討好別人，自己比較重要。

你自己很認真的把這份工作做好，你只對你的老闆、對你的上司做交代，不是做給其他同事看，也不是做公關給其他同事。

認真工作是應該的，但應該是基於對老闆負責，對自己負責，而不是為了其他同事的讚美，更不是為了討好別人。

工作是來學習的，不是來學習討好別人的。

專業上也給方便

●在做事情上面，專業上有專業的態度，沒有錯！可是有時候要給人家方便。

在工作上懂得給別人適度的方便、或稍微和顏悅色一點的臉色，這樣會比較好做事。

雖然專業，但是有時候要給人家一點方便。

在工作上要更加積極，要展現出自己的企圖心。

如果你的工作是家管，企圖心就是學習著把家中打理好，並且要有計劃地整理好，例如今天要整理這裡，明天要整理那裡。

從事家管的人，企圖心也可以是你決定讓家人吃得健康、過得開心，這也是一種企圖心。

菩薩說，在工作上面，要更用心，更執著去完成你分內應該要完成的事情。

你要增加你的執行力，做任何事情的時候，要能夠更有決斷力、有執行力。你在計畫的過程中，最重要的是你要去執行。

不能夠只是說說而已，說了就要做，才是對的，才是真的。你不能光想，然後不去做，這是你現在當下最重要要做的事情了！

生活當中及工作當中，做事情都要有明確的執行力跟規劃能力。耐心地做每一件事情，有信心地去規劃，以及有正確的執行力去落實，才會讓事情出現轉機。

事情要有個規劃，才能夠有進行的方向跟遵循的腳步。所以做任何事情，只要計畫規劃出來之後，檢視自己的計畫順序、執行的可能性，這樣就可以幫助你在做任何事情上面，都能夠水到渠成。

這是一個做事情的態度，是一個做事情成功的訣竅。工作專業，能得到別人的認同，但除了專業之外，也懂得給別人方便，更會得到別人的尊重。

征服自己所做的決定

● **工作似乎是很多人這幾年最艱難的課題，但是在工作外，最艱難的課題還包括如何征服自己。**

學習如何做出自己最不想的決定，學習著挑戰自己做出你原本認定的、但卻突如其來必須改變的決定，這才是對你來講最大的轉變。

也許你這輩子都不做某件事，忽然間你要強迫自己要做它，這可能都是你這輩子都不想的、你也不會去做它的，可是現在環境或是各個條件必須要求你這麼做的時候，你可能就要學習著如何放下、跟接受它。

工作本身不壞，工作本身不難，但要學習如何接受它們跟你的工作性質、跟你的工作內容環境有所不同，卻還要去接受，這才是最重要的。

譬如說辦公室裡面一定會有辦公室的小人，但是如何跟辦公室裡面的小人相處的平靜、互不干擾，這才是智慧。

公司的制度一定有不好的地方，但是怎麼樣可以讓大家都好，很重要！或者是「我不妨礙他們、他們也不妨礙我」，是很重要的。

重點在於：怎麼樣去做出不是你想要的決定？接受很重要！我們一直都認為我們要吃飯、我們應該要吃飯，可是有的時候不得已要吃麵包，我們也要能夠接受。

不是換環境的問題，是心態的問題。

萬一之後你必須做出那種原本你覺得「這個不像是我會做」的決定，那都是一種學習跟考驗。

學習接受自己最不想要的決定！

自己的選擇

●工作其實只是工作，每天在做的事情就是工作，每個人都要盡心盡力地把工作做好，所以，找工作及做工作都需要用心去做，不適合及不適應的總會離開，而不適合及不適應的也不能強求。

究竟工作可以怎麼做？該怎麼做？其實自己心裡面都有一把尺，那麼就做你自己覺得好的，就可以了。

憑藉自己心中的那把尺，只要做決定了，沒有任何人可以阻擋你。

做了某份工作後，如果周圍的人跟你的理念不同時，會讓自己感到質疑及害怕時，本來就可以決定取捨，究竟要與他們同流合污或選擇不要，都是自己的選擇，自己的決定。

菩薩說，一個人要有穩定發展的機會，其實就看你對這個事情跟對這個工作的態度。

現在的你如果很害怕後面工作不穩定，你自己的心就先不穩了。所以菩薩說，不是工作本身出了問題，是你的心本身出現有一點擔憂焦慮的狀況。

一直聽人家講，就會影響到你對這工作的信任度，也會開始會懷疑說：「這家公司到底我能不能待得久？我能不能待得好？」導致有一些害怕。

菩薩說，先定自己的心，常常去住家附近拜土地公，或者是多在農曆初一、十五的時候吃熱的紅豆湯圓，可以幫助自己穩定工作上的運氣。

現在不穩定，就很難談到未來的發展。

心一定要夠穩定，未來才有繼續發展的可能，所以先穩定現在工作的運。

有的公司有內部的變動，同事之間就開始擔心公司的發展，謠言四起，在公司還未正式公告變動時，有的人就準備換工作。

其實就算公司主管全面撤換，都不關你的事，你還是可以繼續的工作，只要

知足是累積未來幸福的能量

●菩薩說，現在的知足是累積未來幸福的能量。

現在越覺得幸福，未來就越容易得到滿足，幸福就會隨之而來了。

做事情很小心，是好的！

但過度的小心跟謹慎，有時會為自己帶來不方便。

這個不方便不是來自於自己，這個不方便是來自於他人對你的看法。

所以有的時候，在眾人之前，儘量不要太過於獨斷、或者是獨自講出自己的決定跟自己的感受。有的時候會讓對方覺得倍感壓力跟備受威脅。

菩薩希望人們有時候學習保護自己，該發表意見的時候講，不該發表意見的時候不要講，免得在辦公室當中，可能會讓別人對於你有過多的誤解。

菩薩一直不斷地提點大家在工作上要注意的事情，就是臉上一定要多一些笑容，姿態擺低一點，態度謙卑一點，其實就可以讓你自己帶來更多的美好，而且也會從中有更多的貴人可以提攜你、幫助你。

不懂的事情，就是多詢問。多詢問的情況下，就可以讓別人知道你是謙虛的、願意學習的、願意配合的，這樣也可以讓你帶來生命當中跟生活當中更多新的激發的點。

做任何事情時，精明是一件很好的事情，但有時候太過精明會讓人對你有所防禦。所以如何折衷？就是偶爾要裝一下小糊塗，不那麼聰明，可以讓別人對你卸下心防，他們就不會感覺到有壓力了。

有時候偶爾要裝笨、裝忙，不要總是那麼實事求是，不要總是那麼理性，否則可能會讓你成為攻擊的目標。

多讓別人發表意見，自己有時要裝傻跳過。

很多事情不要投機取巧，不要耍小聰明。

有的時候腳踏實地、按部就班地去執行才是比較安全的。

也許你發現中間過程是可以跳過幾個步驟的，但這必需是在重覆試驗之後，你才可以大膽地假設是可以成功的。

也就是說，假設你要做某一件事，先觀察別人的做法，安全了，你再去做，這樣你的創新才會比較有基礎，才會讓人比較放心。

感恩你的工作，知足你現在擁有的一切，這個工作也可以是累積未來幸福的能量的開始。

學習接納更多新知

●能夠放開自己，學習著接受別人給予你的新的想法、新的知識、跟新的觀念是很重要的一件事。

你是具有彈性的，可以展現出自己的柔軟。

菩薩希望人們，接觸更多、接納更多的新知，對自己的未來會更具有執行力，跟更堅強。

當可以包容接納的新知越多，能力便會越來越強了，就可以發揮自己想要的了。

也許現在你一直在等待，也許你一直在儲備你自己的能量，等到有一天，你覺得準備好了，你就可以做好那件事情了。

現在都是蓄積能量，別人給你的，別人看不起你的，別人不願意交代給你的，沒關係，都是好的，都是代表著你現在要訓練自己的過程。

在職場上，除了一直不斷地聽自己的聲音，也可以多傾聽外在給予你的意見。現在開始，除了漸漸要懂得如何去觀自己的內在，也要越來越有自信。

讓自己更有自信、更懂得感同身受苦別人的需求，能夠保持更多的微笑，你絕對會在工作上讓人刮目相看。

學習過程當中，付出用心和努力是必然的。

菩薩認為，一個願意有心要學習的人，必定能量滿滿。而菩薩也會在他身上灌注了正向的能量、正向的氣息，希望未來遇到任何困難跟任何挫折的時候，都不會被打敗，也能擁有更多可以提升別人、幫助別人而且微笑以對的正向能量。

相信只要你努力學習，未來在各方面就可以獨當一面，各個方面的知識成熟度也可以有所發揮了。

菩薩希望現階段最重要的任務是：學習如何讓自己的人生更充實，更具有包容力，可以接納不同的意見，接受不同的決定。

不放棄每個可以學習的機會，去學習新的事物，去瞭解新的人事，去接受新的觀念，讓自己的生活開始變得不同，人生就會開啟另一項不同的境地了。

所以去學一項新的不同的事物，對我們來講是有幫助的。

學習接納更多新知，讓我們增長智慧。

產生巨變是為了更好

●或許你曾經遇到了工作上最恐怖的巨變及困境，是你完全料想不到的，但你想要解決這樣的困境，並化解心中對無常的茫然。

也許你有機會來上課了，這意味著你相信菩薩的課程一定可以帶領你有著不同的想法，甚至於可以幫助到你很多。

「為什麼工作會在這個時候出了問題？」一切都感到非常茫然的同時，菩薩要你相信這一切都是最好的安排，也許一個結束是為了另一個更好的開始。

所以不管如何，請把這個苦收起來，繼續昂首闊步向前走，打起精神來，就會找到更好的工作了。

其實工作上的事情都是小事，人生當中還有很多其他事情才是我們應該要注意的大事。

菩薩一直與你同行著，未來也會在你的人生當中與你同行。

菩薩說，在工作上面可能有比較大的波動跟起伏，會讓你的心情不夠穩定。

其實運勢本來就有起有落，菩薩希望你穩定心情，心情穩定了之後，各方面就能夠穩定下來。

菩薩心語

因果緣分

●菩薩心語

有些人，有些事，真的不值得回應或是希望別人能理解，過好自己的生活才重要。

老是花時間去贏得別人的認同，到時候失去了自己，也贏得不了掌聲。

還不如好好過生活，珍惜現在的一切，才是最重要的。

感恩生活的美好，這美好圍繞著你，讓磁場相近的人事物更加美好，一起感恩，一起珍惜。

別浪費時間在無謂的人身上，太可惜了。

別回應紛爭的人生，遠離負能量，因果自負！

別太在意那些負面的人或事，你過得好才重要，不喜歡你的人不重要，你要加油！

●菩薩心語

再多的愛恨情仇，不過是過眼雲煙。
如果你已經盡力了，那麼其他的就交給上天吧！
任何事情都一定有因果，誰都逃不過。
任何糾葛與往事，都放下吧！
再帶著到未來，也是枉費美好未來的燦爛。
再多的愛恨情仇，有一天也要放下，何不現在就好好的愛自己，愛身邊的人！
再多的苦痛，有一天，一切都會過去的。
心中別再有恨了，人生要繼續向前。
一切都會過去的，因果自負交給上天。

珍惜當下活在當下，懂得祝福才有幸福。

菩薩心語

那人因果會有什麼，都交給上天吧！
過好自己的生活，尋求自在平靜，比什麼都重要⋯。
生命自有其安排，菩薩一切看在眼裡，法網人間陰間不遺漏！

菩薩心語

每一個在心靈落下的種子，在陽光下慢慢滋長。
每一句對他人說的話，都小心翼翼的，放入了溫暖。
種子會長大，暖心的力量會成就無限大的善循環。
好好說話、說好話，心靈種子，溫暖他人。

●**菩薩心語**

當你心中行起善念善行，好事也會在你身邊發生，菩薩的守護一直都在。

人有善，一切都好。

●**菩薩心語**

只要有心，處處可行善。

只要有願力，時時善心善行皆可助人。

量力而為。

●**菩薩心語**

付出，成就善的循環。

你所付出的，有一天都會化做福德，回到你身邊。

●菩薩心語

一起來持普門品，一起念經祈福。

歡迎早上出門前花點時間持經誦念做早課回向，願祈求眾生身體健康，一切平安。

也可以在辦公室裡，找個靜心角落持經祈福。

也可以下班回家之後，沐浴更衣之後，靜心持誦普門品，一起來做晚課，持經回向種福田。

短短的十幾分鐘，為自己靜心，為他人祈福，祈求身體健康，也祈求大家都健康。

南無大慈大悲觀世音菩薩！

請常稱唸觀世音菩薩聖號。

讓我們誠心祈念，祈求平安，菩薩賜福，身心靈平靜自在，祝福大家身體健康。

●菩薩心語

善良的聚集，可以成就良善的能量場。
眾人的祝福，可以集合成為祈願的力量。
持心寧靜，用心祈福，回歸寧靜，愛你身邊的一切，珍惜感恩。

隨緣而緣

●菩薩心語

水隨著瓶子有不同形態的呈現，水還是水。

不要在意「外相」，不要在意人生變化，不要為了他人評論而活著。

有識，有心，有量，有聞。

隨著緣走，人與人之間有緣分，會相聚，會分離。

時間也有緣分，因緣俱成，課題會來；時間成熟，因果會至，就可以開始學習接受與看透。

「適法因緣」，我們也會在人生不同階段，學習到適合的法門，也許從他人身上，也許從生活經驗中，也許從挫折困境中，都一定會有我們這個時期最適合的方法。

可以試著改變也是一種學習。
最重要的是，看見自己放下執著。
本質不變，適法因緣，隨緣不強求。
自在最好，因緣俱成美妙就來。
珍惜相遇的緣分，不用多說就能理解你的人，這樣的朋友好好珍惜。

●菩薩心語

花開即有花落之時，正如月有陰晴圓缺，人有聚散離合，無常亦是正常。
能夠越早知因知果，便能減少煩惱，學習放下。
當你能夠接受變化無常與因果生滅時，自然也就一切自在。
無所畏懼，也無纏心之糾葛。
一切隨緣，自在歡喜。

●菩薩心語

有緣自然聚在一起，緣分盡了自然散了，隨緣珍惜。

一切懂得祝福，過去的情份都是愛，都需要珍惜與感恩。

●菩薩心語

不變的總會變，期待變得更好。

●菩薩心語

這些年的你，生活是否有些改變？變得勇敢了？變得更愛笑了？變得焦慮擔憂？還是已經變得隨緣了？

從生活中看見自己的成長，從經歷看見自己的勇敢，從失去中感受到擁有，從愛中學習感恩。

時時勇敢，時時感恩。

●菩薩心語

到了這樣的年紀，還是希望自己勇敢嘗試，盡力了，一切也就隨緣了。

感覺幸福，因為珍惜。

克服恐懼之後，可以得到勇敢與美麗的風景，努力盡力！

無常人生覺有情

●菩薩心語

人生無常，我們都要好好愛！
好好愛家人朋友，好好愛自己。
每一刻都珍惜，努力活在當下。
不妄想，不奢求。
如果能平靜自己的心，那麼生活就能易於滿足，智慧湧入。

●菩薩心語

人生無常很多，無常本是正常。
如何定心看待生活？如何靜心看待逆境？如何慈心面對眾生？本就是智慧修

行，人人都得走一遭。

慈悲良善的人，不出惡言的人，總能多點福氣在身上。

修行，修身、修口、修自心。

簡單生活

●菩薩心語

做人簡單一點！生活簡單一點！

遇到困難時，我們的想法也簡單一點，別想太多，遇到了，就是成長的機會！

我們都不知道未來會發生什麼？

也許會失去，也許會茫然，也許會驚慌未來還能擁有什麼。

其實，永遠不要害怕失去，不要害怕茫然，不要害怕！

懂得活在當下，懂得感恩，懂得接受現況，懂得同理他人，那麼你就會擁有滿滿的勇氣向前。

不管遠方有什麼，我們簡單一點、勇敢一點！

●菩薩心語

努力是為了讓自己遇見更好。

計畫是否還有努力的空間？還有沒有未完成的事情或夢想？

趕快加緊腳步把握時間，活在當下，活得有衝勁！

●菩薩心語

追尋夢想，不需要他人的允許。

你只需要清楚的知道，這是你想做的，那麼便好好計畫，讓夢想成真。

放下釋懷

●菩薩心語

願雨水洗去你的傷痛，為你帶來的是甘霖。

願陽光再次出現，為你帶來溫暖的寧靜。

風雨過後，總會有天晴的時刻。

不管你現在面臨到什麼樣的困境，都不要忘記，面對陰暗時，總會有陽光在背後支持著你。

勇敢的你，也可以轉身面向陽光，讓陰暗在你的背後，就讓自己向前行吧！

很多事情都要學習放下，過去就過去了，不留遺憾，學習隨緣。

人生有裂縫，能讓陽光更顯出生命的力量。

●菩薩心語

凡事都有個結果，當結果呈現在你眼前時，是你努力過後的，那麼便學習接受。

一直都覺得，懷恨於過去的人是辛苦的，執著於過去的人很難放下。

也許曾經有一個人、有一件事，一直在你心裡過不去，但是，請你想想，浪費光陰是多麼可惜的事情。

一直活在過去卻不被理睬，那麼轉過身來看看自己，創造自己的幸福才是真實的。

一直祈求別人給你幸福、一直等待別人給一個答案的人，真的是辛苦的。

答案就在你心底，深呼吸，勇敢一點，把他們放下吧！

從此不再祈求別人給你什麼，先從給你自己一個微笑開始。

看看鏡子中的你，告訴自己你好棒！

別再懷恨過去，別人根本不在意，你何必還恨著？

放下過去，才能往前進。深呼吸，做勇敢的自己。

再談過去都是枉然，活在當下。

●菩薩心語

你喜歡現在的自己嗎？

現在的你，經過了人生的歷練，來到了今天，需要很多的勇敢。

現在的你，經歷了愛別離生死苦，來到了今天，需要放下，也學習祝福。

現在的你，多麼難得多麼珍貴。

從現在開始好好愛自己，把時間留給自己，過好自己的生活。

未來的你會感謝現在的你，願意很早就開始好好愛自己。

我愛我自己，你有好好愛你自己嗎？

有了愛就沒有仇恨，放下那些不開心的，學習祝福那些無緣的，珍惜感恩很重要。

簡單的生活，少少的朋友，不要八卦別人的人生真的很重要。

●菩薩心語

為了成就更好的自己，不管遇到任何困難，都要勇敢前進。

人生唯有不斷的學習，才能在苦難中學會放下、釋懷、原諒。

生命中所有的失去，都是最好的安排，最奇妙的緣分。

一切的緣起緣滅，也是為了遇見更好的自己！

笑一笑，人生更有力量，更加堅定。

唯有善與愛，能夠化解一切的苦痛。

●菩薩心語

我們應該把愛放在值得與需要的地方，其他無助於成長、只有詆毀負面的文字言語，放心放下就好。

生命中有好多事物需要我們去努力，有好多好美的人物需要我們去關心去愛。

愛你身邊美好的事物，愛你身邊深愛你的人。

永遠相信著好人存在，永遠相信菩薩，相信著所有的美好都留下來了，讓你的生命美麗紀錄綻放著。

●菩薩心語

清理內在：對不起！請原諒我！我愛你！謝謝你！

愛與善很重要，充滿仇恨的人太辛苦，衝突關係要放下。

學習放手

●菩薩心語

不找藉口逃避與退縮，只找理由面對與前進。

每個人都會遇到困境，這是考驗智慧與勇氣的時刻，不要輕易放棄，因為痛過、苦過之後，迎接你的，會是重生與更好的未來。

生命要用心在值得的事物上，小事都不需在意。

努力讓自己過得更好，因為你值得被愛。

放手才能得到幸福，越懂得祝福越能夠幸福。

●菩薩心語

人生如果可以早一點堅定信念，人生的努力會更有方向。

感情中如果可以早一點受傷，學會去愛跟學習祝福與放手，人生可以早一點知道什麼叫愛情，學會珍惜、擁有幸福。

人生如果早一點知道生活重心該放在自己身上，那麼就可以少浪費點時間在不重要的事情上。

人生如果可以早一點開始學習人生的功課，自我修持，精進生活中的修行，那麼就可以早一點遠離煩惱，心靈自在。

人生中為了自己努力了那麼久，你喜歡現在的自己嗎？千金難買早知道，每個人生經歷都是最棒的生命禮物。

現在的你那麼努力，一定要堅持下去，辛苦你了，出乎意料的人生很刺激。早點遠離負能量，就已經開始幸福。

●菩薩心語

得到，願珍惜。失去，也懂得放手的智慧。擦乾眼淚，一起努力勇敢向前行。

情

●菩薩心語

已經結婚或有對象的朋友，讓感情增溫、和諧美滿，最重要的，就是人與人之間相處要常懷感恩心，多欣賞對方的好，好好珍惜愛你的人，愛情自然長久。

還沒有對象的人，一定要有自信，一定要相信你一定會遇到一個可以帶給你幸福的人，用這樣的信念堅持著，那個人一定會快快出現。

●菩薩心語

以為被愛理所當然，最終可能面臨失去。

好好珍惜所愛，感情才能長久。

我們最愛的人都在身邊，好好相愛，好好生活。

●菩薩心語

在感情這條路上學習的朋友，一定要記得：不愛了，也要好好祝福；不被愛了，也不要有憤怒傷害。

放下也許不容易，但想想過去的美好、過去的相愛。

記在心底的叫回憶，記在恨裡的叫失去。

如果不能好好珍惜曾經，那麼相愛的過去，就什麼都沒留下了。

好好愛，好好放下。祝福對方幸福，自己才能幸福。

一切只需要祝福，隨緣不強求，感謝善緣相聚。

●菩薩心語

感情受傷的朋友，不要傷心。

尋覓感情的朋友，不要灰心。

擁有愛情的朋友，不要擔心。

懂得愛，就能擁有愛人的力量。以及被愛的快樂！

●菩薩心語

幸福永遠值得期待。好聚好散，隨緣珍惜。

我真的希望看見大家都在愛中幸福著，自己經歷過情感的傷痛，知道那種痛與孤單……。

所以，有愛在身邊，好好愛；有人在身邊，好好珍惜。

我們都相愛，我們都幸福。

大家每一天的開始，就是要告訴自己：「好幸福！好開心！因為我們都還有工作很幸福！因為健康很幸福！為了很多人事物努力著很幸福！」

好緣也需要好好珍惜。

●菩薩心語

對於感情，不要害怕失去。
祝福大家都找到愛你的人，以及你愛的人。

●菩薩心語
愛很重要，希望大家都能找到好對象，好好相愛，一起愛到天荒地老。
一起期待愛情的到來……。好情人就是希望你開心快樂！
最好的不一定最適合你，適合你的就是最好的，愛要多包容。

●菩薩心語
在愛中受傷的人，勇敢走回愛裡，便能夠在愛中得到療癒。
不要害怕再去愛，真愛總會出現。
期待愛情的美好，勇敢去愛，自己的幸福自己尋找。

●菩薩心語

不管有沒有情人，你都是被愛著的，都是深深被祝福著的。

好好愛你所愛，好好珍惜身邊的人，好好愛著，好好牽著手，一起走下去。

●菩薩心語

愛是一門值得終生學習的課題。愛情很美好，相愛很難得，相知很感恩，能夠認識都是緣分，能夠走在一起，一定有彼此要學習的課題。

不要輕易放棄愛的學習，不要輕易抹滅了愛的付出。

可以守護我們手中所有的情感，就只有愛了。

愛你的家人，愛你的另一半，愛你的朋友。

有了愛，我們就能深深守護，好好相愛了。

在愛中學習，生活要平靜，不要有紛爭，多珍惜彼此，不要去議論別人的生活，好好相愛，心都在一起。

●菩薩心語

愛就是心緊緊在一起，珍惜幸福。
我們很幸福，身邊有很多愛我們的家人朋友，我們很珍惜很感恩！
好好珍惜跟家人相處的時間，因為那是世界上最重要的事。
不管親情、愛情、友情，我們都要好好珍惜，相知相惜不容易。
友情真偉大，親情陪伴真的很重要，愛一個人請好好愛，我們都要幸福。
平平安安，身體健康，無憂無慮，天天開心。
珍惜身邊的愛存在，一直擁有，一起幸福，所有圓滿都聚集。

不討好，很自在

●**菩薩心語**

在這麼多人想要爭輸贏的人生當下，你可以有不同的人生選擇。

不想爭，不需要爭，不願意強留，不需要討好，可以有自己真正的選擇。

看開很好，看淡很重要，無能為力沒什麼不好。

凡事只要能夠捨得放下，人生就能自在，不需要活在別人的期待中，就能解脫自我，自在快樂。

●**菩薩心語**

你所想要的東西沒有了，沒關係，還有別的選擇，這就是人生。

大家也去做點開心的事情吧！

為自己幸福很重要！

愛自己最幸福，幸福就是自己的微笑。

●菩薩心語

你會因爲害怕別人生氣，而努力的去討好別人嗎？

其實，不要過度討好別人的需要，為了滿足別人的情緒，而委屈了自己，或是拼命的幫對方想辦法解決。

我們誰都沒有必要為別人的情緒與喜怒哀樂負責任。

不要承擔別人的情緒，別人的情緒都是他們自己該面對的。

別讓他人的不開心影響了你，你的快樂要自己尋找，他人的幸福快樂也是要自己努力的。

每個人的情緒都要自己面對自己處理，拒絕情緒勒索。

人生真實簡單一點，最幸福。

●菩薩心語

任何關係的維持，靠的不是討好，而是真心。

付出之後，從不計較，真心相待，彼此真誠，任何關係才能長長久久，真愛就是這樣。

刻意討好太辛苦，你的身邊一定有值得珍惜的朋友。

●菩薩心語

如果你會傷害別人，我就會離你遠遠的，給你深深的祝福。

人們有著優質生活選擇權，你有絕對的自由，可以選擇自己要接近什麼樣的朋友、杜絕什麼樣的人靠近。

人生到了某個年紀，別再一味的討好別人，多愛自己一點。

我們活著，要讓自己喜歡自己，不需讓所有人都喜歡你，那樣生活太累了！

不管你怎麼看我，我都愛你，因為我的世界裡擁有著愛。你們的世界呢？

生活選擇權

●菩薩心語

這些年大家經歷了很多，我相信也感受成長了許多。

忽然覺得生活不需要太過複雜，相愛相處的人也不必天天膩在一起才叫相愛。

有一種愛是：你在哪，我的愛就在哪。

這些年我們經歷了很多，意識到健康與真正生活的意義。

過得開心很重要，感恩身邊真心的朋友很重要，那種愛不會分離，不會消散，只會更堅定。

大家一起動動手指頭，整理一下臉書好友、群組，也整理一下思緒。

優質生活選擇權在你手中，不需要大家都喜歡你，就只做好自己。

人生很短，重要的人在身邊，少少的就好！少少的，很美好！美好的開始！美好的愛一起連結在一起！

點頭之交點點頭即可，好友不在多，有愛在心中最重要！

●菩薩心語

優質生活選擇權！你可以有自己的選擇，尋找自己的快樂，建立自己的價值，在工作上獲得成就，在親情上得到安慰，在感情上有所依靠，在朋友間擁有信任。

一切的美好，會因為你的努力，凝聚一切美好的生活。

●菩薩心語

你的朋友一定要善良真誠和厚道。

檢視看看跟朋友在一起的時候，是分享生活點點滴滴？還是只會聚在一起說別人壞話？你的朋友對他人寬容包容？還是只會不斷批評別人？

善良的朋友會留在你身邊，不適合你的朋友自然遠離，要慶幸，要珍惜，因為同甘共苦才是真朋友。

●菩薩心語

人生到了一定的年紀，就會有些不同的體會。

朋友越少越好，交心幾個就夠。

生活簡單就好，多些經歷很好。

凡事不用計較，小事不用八卦，大事無需去聽。

雲淡風輕很好，斷捨離很重要。

自己的人生自己決定，不用對別人交代，因為這是你的人生。

太過在意別人的看法，只是複雜了自己的生活。

有時什麼都淡淡的，就是一種美好。

●**菩薩心語**

人生中，你不必為了他人說了什麼，而決定選擇不做什麼；也不必因為他人說了什麼，而刻意決定要做什麼。

嘴巴長在別人身上，但你的命運在自己手上。

別人怎麼說，都不是影響你做與不做的關鍵。

做人可以很有原則，朋友得要好好選擇。

暖心朋友取暖心動，抱抱你的暖心朋友，暖暖的，幸福的。

暖心朋友，暖暖的朋友。

幸福就是身邊朋友都暖暖的，看一下身邊的朋友，慶幸暖暖的在這裡。

珍惜所愛，珍惜在你身邊的家人朋友，感恩珍惜情常在。

●**菩薩心語**

喜歡身邊的朋友們磁場頻率都相同、自在輕鬆、彼此付出、無所求的相處著。

愛著並珍惜著身邊的朋友們，把愛用在重要的人事物上。一直都喜歡開心的感覺，就會一直幸福下去，你說是嗎？

●菩薩心語

幽幽相伴，心靈的美好，緣起之間，串起美善震盪與循環。與一群行善又善良的朋友在一起，磁場極好、極美，像極了愛情卻比愛情更美好。

●菩薩心語

善良、美好相聚，善意相許。靈光乍現的美好，重聚、緣分，一切自有安排。

●菩薩心語

優質生活選擇權，掌握在你手中。

你想要充滿負能量的活著，還是開心快樂的生活著，其實都是自己的選擇。

每一天都是美好的開始，每一天都以感恩做為結尾。

感謝每一天！感恩每一個人！

堅持善

●菩薩心語

常常都在想，這十幾年來菩薩說的話超多，出版的書籍也很多，每個月藉由座談會傳達的新知一起學習著，是否有人因為太過勞累忘了實行？是否有人太過憤怒而忘了一切？又是否有人忘了生活中成長的點點滴滴、否決了過去的努力？有沒有可能，你的憤怒、你的焦慮讓你失去了智慧的判斷？

努力與堅持，同等重要。

看見一個惡的因子出現，你能明辨，就能遠離。

看見善的因緣氛圍，你能感受，就能選擇繼續堅持善良。

善良是一種選擇，當你在看見別人選擇了不好對待的同時，還能提醒自己要善良，還能堅持善良。

知道你為什麼不一樣嗎？因為你的善良與他們不同，是多麼的與眾不同！所以不用再去解釋了，因為你跟他們本來就不同，不要浪費力氣去解釋，因為你跟他本來就不一樣。

生活是自己的，真的不用去在意每天都在嚼舌根的人，這樣的人好辛苦。過自己的生活，學習做個知足平凡的人，堅持善良，其他不重要。

●菩薩心語

人生遇到的困境，是為了讓你學習體驗，感同身受。

生活中總會遇到傷害你的人，那是為了告訴你，別變成像他們那樣的人。

慈悲很重要，善良很重要，你要做什麼樣的選擇，其實最後都是自己的。

一個人有多堅強，心中的慈悲就有多大。

堅強與慈悲不是裝出來的，因為那是在心底裡根深蒂固滋長著的，堅強卻不願傷人的慈悲。

選擇善，選擇慈悲，這樣的生活，真好！
你遇到的事情是否讓你堅強面對？
你的堅強讓人心疼，你的勇敢善良會保護你一生平安。
有善良、有慈悲，無敵！生活就是要能安心自在。
你的選擇是什麼？

●菩薩心語

善良是一種覺知，感恩是一種選擇，幸福是一種體會。
覺知讓你知道要堅持善良，選擇感恩讓你知道自己擁有很多，任何體會都是幸福。所以任何時刻，你的人生都是平靜美好的。
多麼開心生活在這樣的幸福裡，你好我好大家好！

●菩薩心語

生活是自己的，選擇善良是對的。
不要害怕失去，不要害怕作決定。
享受平靜的生活，才能擁有真正的幸福。

●菩薩心語

慶幸自己的選擇，改變自己，讓自己更好才是真實的。
努力創造自己的幸福，堅持善良，堅持美善。

●菩薩心語

我們跟他們不一樣，選擇善良不是錯！
遠離負能量的人，不放下只會苦自己。

●菩薩心語

有些事情，不是因為我笨，是選擇不想知道，因為不想抹煞了曾經對人性的信任。

簡單生活，遠離繁雜人事物。

●菩薩心語

你說你受了傷，你說你委屈了，你說你是真心對待，你說你堅持善良，你說你非常努力，你說你要勇敢堅強，你說的，菩薩都聽見了，因為菩薩的眼，始終在你身上。

你所經歷的一切，其實不用多說，菩薩都知道，因為你所經歷的，菩薩陪你一起度過。

你所感受到的痛，菩薩知道。

你所受的委屈，菩薩知道。

你所做的努力，菩薩知曉。

這一切都有菩薩陪著，所以請你堅定腳步不要放棄。
也許還沒到達目的地，也許一切都不夠美好，但是你知道，菩薩都在。
祈求菩薩，千處祈求千處應。

●菩薩心語

雖然失望，但不絕望。
雖然傷心，但不放棄。
信任建立在愛上，一樣的堅持善。
就算傷透了，眼淚擦一擦，心中仍有愛，仍相信那些有愛的人會用具體行動證明善、證明愛的存在。

●菩薩心語

遇到困境可以跟菩薩說說話，傷心難過可以跟菩薩說說話。

任何時候，我們都需要一個堅定的信仰，無論宗教或是自己的心念。
學習不難，但堅持很難。
也因為人生中會一直遇到困境，所以課題出現，考驗著我們的堅持。
不管你的人生，在什麼時間點開始認識菩薩，都是一個轉機。
你跟菩薩結善緣，人生也開始學習跟你的朋友結善緣，希望懂得珍惜，一同學習成長。
多跟菩薩說說話，也能跟菩薩相應。
善緣開始，始於善心。
當你願意學習面對、認識自己的開始，你也能學習同理他人、理解他人。
善緣開啟就不要結惡緣，堅持很重要，堅持善。
認識菩薩是一種福氣。

充滿能量好好工作，面對複雜思緒，好好沈澱。
難關難過，只要勇敢，都會過去。
人生中，你不需要眾人的掌聲，你只需要專注傾聽自己內在的聲音，堅持初衷，堅持善，有智慧處理難關、面對難關，日子依然要開心快樂向前行。

●菩薩心語

有人說：人善被人欺！
但慶幸自己至少是善良的，而不是欺騙他人或傷害他人的那個人。
簡單很好！堅持善很好！
原來我們很不一樣⋯，愛班同學真的很棒，我們所堅持的愛，我們的善，跟別人真的不一樣。

●菩薩心語

善與惡，同在一念之間。
心存慈悲，才有生路。
心存感恩，才是人生。
難免有錯，難免有苦，不怕不怕，菩薩在。
堅持善，不忘初衷。
別遮蔽了心，別忘了善。

●菩薩心語

有很多逆境菩薩在我們身邊考驗我們，讓我們學習智慧。
珍惜擁有，都是很棒的人生經歷。堅持善沒有錯！

●菩薩心語

也許遇到的困境多了，但人的心境仍堅持著善良的心念。

而增加的智慧與知識，讓我們心智更成熟。

未來，人生風景也許不同，但依舊是美好人生，依然是努力讓自己更好更幸福。

人生一切經歷都是有意義的！一切會更好！

挫折失敗都不怕

●菩薩心語

經歷過傷痛之後，體悟人性。

經歷過挫折之後，淬煉磨苦。

成功不難，難在堅持。

善良不難，難在慾望。

就如同堅持善良，才能分離慾望與魔鬼；堅持善良，最後才能體悟善良的可貴。

這過程中也許你會失去什麼，但最後你會慶幸，沒有失去自己的初衷。

你可以不相信人性，但請相信你自己。

這世上還是有很多善良的人，善的圍繞依舊美好。

●**菩薩心語**

人生所有的經歷，都是一種學習。
如何在遇到挫折時，還能堅持善心善念？
這是一種覺察，一種覺知，一種靈魂傾向於善心的覺醒。
你的靈魂知道，唯有善良可以引領你回到菩薩身邊，走向回家的路。

●**菩薩心語**

了解生命，便能覺知生命。
覺性，覺悟，此生有覺。
心覺，才有決心改變自己。

●**菩薩心語**

感恩所有人生中的經歷與安排，一切都是值得的。

多花點時間在人生重要的學習課程上，從生活經驗中，點點滴滴累積成長，就算遇到難關也不放棄，願意承擔，就會有智慧勇氣得到更多。

而學習了，就要把所學好好運用在生活中，這才是真正的人間修行。

別花太多力氣在不重要的事情上面，別生氣，也別難過，堅持善，擁有好的修持力。

不要忘記，在經歷困難時，最能看出一個人的良善與修養。

在經歷挫折時，還不忘幫助別人，給予別人安慰，那才是真正的愛與付出。

有愛真好！天天都是感恩天，心中沒有仇恨的人，真的比較快樂！

因為我們心中有滿滿的愛，再也裝不進仇恨了。

修行修真，人生開心好重要，每天都是充滿希望的一天，把時間花在重要的事情上面。

●菩薩心語

擁有好心念的人，念轉運轉，才能做個超強好運的人。
擁有人身肉體，珍惜感恩知足，才能好好修行，做好人生功課。
人生很苦，但不因此挫敗。
人生很短，但時時刻刻珍惜。
經歷很長，深刻記憶著，深切反省，深深警惕。
對於未來雖未知，但永遠保持著希望與愛。
善良不曾離開你，愛永在，善無懼。

●菩薩心語

成功的時候不要忘記過去；失敗的時候不要忘記還有未來。
面對挫折，不消極。
反省和檢討都澈底，該做的一定做，都努力做到最好。
時時刻刻嚴謹，時時刻刻反省。

●菩薩心語

未來課題還很多，舊的還沒結束，新的沒有停過。
人生課題一直都在，一起努力！一起學習！一起成長！
就算人生再苦，我們都會越來越強的，我們都會好好的。

●菩薩心語

人生有好多角度都是美的，人生的困境與打擊都是美麗豐富的。
人世間的美好，在於你不是一個人單獨奮鬥努力著，你有我們，還有菩薩。
所以我們要一起手牽手，邁向更美好的人生。
就算前方有困境，我們也是一起面對著的，親愛的你們，不要怕，只要有堅定的心念，我們就可以擁有前進幸福的動力。

念轉運就轉

●菩薩心語

相知相惜留住好緣分，念轉運轉擁有好福氣。

命運靠自己創造，生活靠自己選擇，都需要努力與堅持。

人生很苦，但苦中有快樂有成長，挺過來之後，才知道生命的可貴，才知道那些努力生活的人多麼值得別人的尊重。

別再花時間在小事上，沒什麼比有尊嚴的活著更重要，珍惜時光，別浪費了時間。

一起努力學習念轉，堅持善良是對的。

●菩薩心語

信念強，心福生。
相信好事發生，好事就隨身。
念轉運就轉，你的命運在自己手裡，用自己的努力讓自己重拾好運。

●菩薩心語

人生不容易，如果覺得辛苦，那麼一定要想辦法讓自己感受幸福。
如果幸福還未來臨，那麼繼續堅持幸福的信念，去除悲觀，懂得念轉。
幸福是某種形式，幸福是心的感受，只要你覺得自己是幸福的，幸福就能延續下去，一直溫暖著你的心，然後愛就來了……。

●菩薩心語

人生曾經感到痛苦的選項，其實都是人生最不重要的短暫，短暫停留就好，別讓這些苦痛折磨你的心太久。

讓這痛苦的選項化成養份，讓你成長。
苦痛短暫停留，長久留下生命成長的喜悅。
我們都要勇敢！
念轉讓苦痛變短暫……。

●菩薩心語

南無觀世音菩薩，聞聲救苦。
人生唯有不斷努力，為自己開創命運的轉機，念轉啟動好運，行動力成就好命。
每個人的命運掌握在自己手裡，只要你願意，不怕苦，堅持善良，人生中會啟動更多善緣來到你的生命中，成就你、幫助你。
念轉運就轉，想要好運、好命，靠自己的念力轉動。

●菩薩心語

一起來建立一個「新三好」的運動。

過去我們都知道要說好話、做好事、存好心，現在我們要更上一層，除了繼續積極執行以上的三好之外，一起努力完成「新三好」：好想法，好態度，好積極。

無論什麼，都好都好都好好！就從今天開始吧！

勇敢

●菩薩心語

家家有本難唸的經，每個人家庭中，多多少少會遇到某些困難。

生活中大大小小的事情，都需要經過磨鍊與經歷，才能夠學會同理與理解。

有的人面對著工作困境；有人遇到感情不如意、找不到對象；有人感情遇到瓶頸、婚姻觸礁；有人想要當爸爸媽媽、想有個孩子⋯，種種的困境，所有心中的期許願望，都希望很快可以實現。

你有多勇敢，就有多幸福。為了目標繼續向前，為了生活而努力。

有善，且無懼！

有勇，就能前行！

婚姻感情要恩愛，同理理解有感恩。

心中有善有慈悲，比什麼都重要。

●菩薩心語

我們感恩現在所經歷的，時時珍惜，時時感恩，時時善心，一切美好。
所有的經歷，都是上天最美好的安排。
一切的困難，都會過去的。
大家一起加油，再辛苦的事情咬緊牙關就能撐過去，不怕苦、要勇敢。
人人處處都是考驗，你有多勇敢就有多幸福。

●菩薩心語

如果你正遇見黑暗，永遠不要忘記曾經在你眼前的光亮，那個記憶不會忘！
不要忘記那心底閃亮的光芒，那樣的閃亮，是善良，是愛！
勇敢的愛沒有恐懼，光亮總會驅散黑暗。

●**菩薩心語**

人生課題難關多。愛無敵，善無懼。

心暖暖的，溫暖自己也溫暖別人。讓自己面對才能勇敢。

●**菩薩心語**

感恩過去，珍惜現在。

不否認過去他人的付出，永遠感恩在心中。

我們都要勇敢，都要努力讓自己更好，每一個人都要努力讓自己幸福。

●**菩薩心語**

也許你現在覺得苦，覺得難熬，但請相信這一切都會過去的。

雖然辛苦，但堅持著。

雖然難熬，但記取著。

雖然很怕結果不如預期，但至少你現在勇敢的面對著。

菩薩與你同在，菩薩與你一同看著這一切的發生與經歷。

請你相信菩薩在，這一切都會值得的。

●菩薩心語

面對未知，從安定當下此刻開始。

安定心靈，勇敢成長。

經歷了，便更有勇氣面對未來。

人生總是充滿著希望的！

雖然很多時候結果跟我們想像的不同，但是真心去體會這些過程，有一天你會發現，上天正在考驗你、訓練你經歷這些，沒被擊敗，還能勇敢，就代表你未來值得更好的人生，值得遇見更棒的人，值得擁有更好的結果。

所以這段時間的等待與煎熬，都是一種訓練。

只要挺過去，相互鼓勵，相互支持，有一天雨過天會晴。
傷心過後，必有歡樂存在心中。
一切苦難都會過去的，因為我們都值得更好的！

●菩薩心語

當愛存在，便能手牽手向前走。
當心念善，便能勇敢無懼，克服難關。
我們都要努力，因為命運掌握在你手裡。
苦痛會過去，快樂會留下，我們的經歷豐富圓滿著此生。
勇敢、堅強的活著，就是生命力的展現。

●菩薩心語

活著，就是要勇敢。

堅定自己的信念，不管遇到任何困難都不害怕，也不放棄自己所堅信的，心中就會有穩定的力量。

相信善的信念，相信愛的力量，沒有什麼難關過不去。

只要你願意，一切都會過去的！一起加油！菩薩一直在身邊，菩薩一直都在。

生死別離

●菩薩心語

愛真的要及時，好好珍惜與家人相處的時光。
生命中必須經歷的大事，都在喜怒哀樂與生老病死之中體會。
不管如何，都是成長，都是承擔，都是人生必經過程。
萬事祝福，只求一切平安順利。有了愛，就能無懼勇敢。

●菩薩心語

什麼選擇對他最好，那便是最好的選擇，也是我最想要的選擇……。
人，是有感情的。難忘，放心中。
勿悲，宜喜。這一切，都是人生。

●菩薩心語

勇敢，是為了活得更好，讓對方不擔心。

因此，我們帶著愛，勇敢的活著，堅定的愛著。

愛不曾遠離，菩薩一直都在。

手上的溫度在心裡滋長，愛蔓延開來，我們努力勇敢著。

不抱怨

●菩薩心語

有些人總會出現在你人生的道路上，他們打擊你、攻擊你、阻礙你，他們想要證明你是錯的、他是對的！

遇到這樣的人，該怎麼辦呢？只要笑一笑就好！

你的努力不是為了證明他是錯的，也不是要證明自己是對的。你的努力只是有個目標，叫做善良，叫做勇敢。

遇到任何困難，你知道不要抱怨。

遇到批評、攻擊，你知道不要反擊。

因為你心中有善，也因為你跟他們不同，你懂得堅持善，所以又何必要跟他們生氣？只需要微笑即可，然後挺住，繼續前進，繼續勇敢。

人生只有不斷前進，才能進步。

還在憎恨與抱怨、攻擊的人，只是在傷害自己、停留在原地。

心中若是有愛有善，便裝不下任何的仇恨了！

●菩薩心語

人生要好命，面對過去要能釋懷，心中永遠都要感恩，面對遺憾學會祝福。

人生每個階段都在成長，過去了的事，結束了的緣，傷透心的淚，都是我們的福氣，這些經歷，讓我們擁有了現在的自己。

感恩自己那麼勇敢，感恩現在你所擁有的。

人生要好命，不是抱怨自己沒有，也不是嫉妒別人為什麼比你好。

人生要好命，從真心感恩開始。

門已打開，還罣礙了什麼？

溝通要先釋懷過去，才能有效溝通。

心門已開自由自在，總有驚喜的人生。

我們都很好命，好念好命好人生。

●菩薩心語

不管人生怎麼苦，對於過去的選擇不後悔，對於現在所面臨的不抱怨，對於未來充滿希望與積極。

人生就算再苦，一切都會過去的。迎接你的，是汗水淚水之後，所承接的喜悅。

人不要怕吃苦，人不要怕失去，因為這一切都是成長必經的訓練。

只要勇敢，就會更好！

●菩薩心語

停止抱怨和比較吧！努力讓自己幸福，努力讓自己好好過生活。

人生也許很苦，但如果沈浸在苦痛當中，不放過自己，幸福怎麼來到？

沒有什麼比你好好過日子更重要，愛你自己，身邊的人也才能一起擁有幸福。

別抱怨，好日子就來了。

人生是自己的，遠離負面，少說長道短活在別人的生活中，愛自己才重要。

●菩薩心語

幸福是自己的，要努力開創自己的好人生。

好念好命好人生，多去想自己已經擁有的，不去比較，去除負能量，擁抱自己擁抱幸福。

放下比較心，人生較快樂。

學會愛自己

●菩薩心語

人生就是要把時間用在美好的事物上，每天都要認真開心的過。

一早的開啟，從微笑、從愛自己開始，吃份營養的早餐，點杯最愛的飲料，今天的生活就要開始。

一定要讓美好的事物，在今天開展。其他不重要的，記得 bye-bye 拋諸腦後。

多愛自己！美好事物快點上路，一路順風。

●菩薩心語

安心微笑，溫暖了心。決定自在，就不覺苦。

努力做好份內事，事事盡心就是美好。

決定了嗎？讓自己每天快樂，快樂度過每一天，可以自在生活才是真實。

對自己微笑力量很大，笑一個能量滿滿。

●菩薩心語

調整好你的磁場，很重要的一點，就是要讓自己開心，讓自己快樂，去做任何你覺得可以讓你開心、快樂的事情。

看看美麗的事物，聽聽令人感到開心與感動的事情，然後照顧別人、對別人付出，歡喜心相待，只要做任何你覺得會讓自己開心的事情，哪怕去畫畫、去跳舞、聽一首歌、去旅行……等等，做任何你自己會開心的事情，都是調整自己磁場能量的好方法。

當一個人處於願意付出、更願意關心他人，還有讓自己每天都是開心與喜悅的情況，願意付出的想法與具體行動，你的思想都是屬於高能量的；你給別人的關心與安慰及鼓勵，也都是非常正面跟非常高能量的。

只要你心情好，能量場就會變高變好，能量變得很高的時候，你做的事情就會比平常更容易成功，所以它是一個非常重要的關鍵。

當你的情緒好、能量高，做事情的成功機率、跟你的運氣就會相對的非常好，所以我們怎麼能不每天都開心呢？對不對？

每一個人都要想辦法讓自己開心，其實人生沒有不苦的，也沒有人一輩子都是非常順遂的，也沒有人一整天都是很開心的，但無論如何，你都要想辦法讓自己每天都遠離負能量。

訓練自己，小事情也能夠學會找開心。

●菩薩心語

我們要跟自己相伴一輩子，怎能不花時間在自己身上？

多認識自己、了解自我之後，才能找到自己未來的方向。

愛你愛我，活在當下，時時刻刻都珍惜，時時感恩。

●菩薩心語

我們身邊都有好愛、深愛、珍愛我們的人，心中有著滿滿的愛，就再也裝不進仇恨了。

下定決心好好愛自己，把握機會好好去愛深愛你的人。

我們有著愛，有著善，就是最幸福的人了。

愛的緣分，愛聯繫了你我，牽起了緣分。有一天就算不愛了，也不要有傷害。

希望我們珍惜的緣分，能夠就這樣緊緊的相繫在一起，一起經歷、一起築夢、一起成長，一起跟著菩薩回家。

而手上飛走的氣球，就讓它飛走吧！

身邊的人想來就讓他來吧！想去就讓他去吧！

下定決心過好每一天，帶著充滿希望的氣球，總會遇到也充滿愛的人。

好好愛自己，非常重要。

●菩薩心語

生活簡單一點，好好生活才重要。
讓自己每天都幸福踏實，愛在溫暖就在。

●菩薩心語

堅持做個快樂樂觀的人，讓陽光進入你的心中，心要暖。
一起來把心開，找開心。
好的開始，就是幸福快樂的能量。
祝福大家每天都元氣滿滿，衝勁十足。
好的開始很重要，滿滿能量！

靜

●菩薩心語

靜心，觀心，淨心。

●菩薩心語

明白苦難痛苦存在，是有其意義與價值的，學習接受當下的一切，然後將這些領悟視為珍寶，充實自己的人生。

許多感受與想法皆在一念之間，你的感覺是什麼？

這些感覺可能是真的，也有可能是假的，感覺迷幻了你的心，讓你失去覺知，無法洞察自己的內心。

外界的牽引、慾望奢華迷惑了你，引起貪念慾望，你可能就迷失了自我。

也許別太相信你的感覺，感覺是一時的。

唯有靜下心來，靜觀自己的內心，檢視自我的需求，看見自己的內在，堅持自己真實的信念，你才能知曉真實。

●菩薩心語

總是靜下來之後，才能看見真我，所以靜心對每個人都很重要。

在靜心的過程中，你可以找到自己，也可以看清楚生活的脈絡，然後，好好感恩，懺悔，清理，回饋。

將重心放回自己生活中，每天都是全新的自己，重新出發，起緣皆善。

●菩薩心語

放下自己的心，去感受他人。

● **菩薩心語**

菩薩言：靜心修持，寬心同理，感恩珍惜，慈悲永心。

常持南無觀世音菩薩聖號，恭請菩薩方法：

恭請南無觀世音菩薩，恭請南無觀世音菩薩，恭請南無觀世音菩薩，

恭請南無觀世音菩薩，恭請南無觀世音菩薩，恭請南無觀世音菩薩，

恭請南無觀世音菩薩，恭請南無觀世音菩薩，恭請南無觀世音菩薩。

你的心就是一座大廟，菩薩就在心中坐，菩薩無所不在，千處祈求千處應。

● **菩薩心語**

心在自己身上。心靜了，所有決定都是對的。

● **菩薩心語**

每天都很忙碌，偶爾靜心也很好，想什麼就做什麼，什麼都不做、放空也很

好。

遇到的困境都是考驗，困境能激發衝勁，努力就可以改變命運。

我們一起加油，一起面對人生課題。

●菩薩心語

人生有些成長是：看在眼裡，知在心底，接受了，順著了，心也跟著靜了，便覺得一切都好了。

過好自己的生活才重要，不要浪費時間在不重要的小事上。

人生順著好！平靜好重要！真正幸福的人會懂。

●菩薩心語

心真正的接受，寬容就產生了。

不去在意流言

●菩薩心語

人生，不要去感覺那些住在你床底下的人。

他們說的話，或者批判你的一切，講的很真，講的很浮誇，好像真的長住在你的床底下知道了你的一切。

而他訴說的這一切，很多時候你自己都不知道有發生過？

但他對外自稱很了解你，就像住在你的床底下一樣⋯。

你一定碰過這樣的人，自稱你的好朋友，自稱你的麻吉，自稱像家人一般的閨蜜，然後他們躲在你的床底下沒被發現。

人生中，總有幾個這樣的鬼、這樣的人，不被感應，不被發現，怎麼辦呢？

記得別去感覺，別去戳破，就讓他們繼續睡在床底下，做著不可思議的夢，說著不可思議的話。

我們好好的、真實的、認真的過生活，心中感恩，堅持善良。他要睡在床底下，要睡多久是多久。不去感應，便沒有感覺，你說是吧！幹嘛要浪費自己的時間跟他生氣，人生過得快樂比較重要。

●菩薩心語

面對流言，不需正視，也無需在意。相信你的，愛你的，會留在你身邊。不相信你的，不愛你的，解釋再多也沒用。

我們都不要讓嫉妒心滋長，失去了善良。學習欣賞別人的好，懂得讚美與欣喜別人獲得的成就。

而那些關於你身邊的流言，難道那麼重要嗎？其實一點也不重要，只是浪費生命的無聊事。

你的時間該用在最重要的事情上，讓生命精彩，讓自己懂得生活，珍惜身邊有緣有情人。

●菩薩心語

都遇過小人吧！小人真的是我們人生中的逆境菩薩，教導我們很多人生課題。

「必取小人」，你的人生中，小人必須從你「心中」取走，這樣你才能活得更好更幸福！

特別說明是「心中」的原因，是他們在實際生活當中，可能不會離開你，但是你必須心中沒有他們。

感謝小人、感謝逆境菩薩成就更好的你，如果你也曾經為小人所苦，或是正在跟小人纏鬥，請你一定要加油，讓我們一起努力成就更好的自己。

●菩薩心語

努力的人擁有最大的好運。

人生很多鳥事不要去在意，不要直接踩大便，繞過去就好，別跟便便過不去。

●菩薩心語

努力盡好自己的本份，堅持善心善念，其他旁人的批評指教，謹記在心。

維持生活的「善境」，一個讓你擁有平衡生活、寧靜生活的好環境，不與人爭，不與人辯，理解他人的作法便沒有批評，接受他人的原則便能夠包容。

我們都努力找尋自己生活的「善境」，讓自己快樂。

生活擁有選擇權，你有絕對的權利決定你身邊要有什麼樣的人陪著，你有絕對的能力創造你未來生活快樂自在的善境。

人生就是要勇敢而且越來越好，你有多勇敢就有多幸福！

感恩

●**菩薩心語**

感恩能讓人生更加美好，謝謝身邊愛你的人。
人生有很多幸福時刻，總在珍惜與感恩中相伴著。
能夠長長久久不是因為承諾，而是因為感恩、珍惜與愛。

●**菩薩心語**

其實，我們只要學會好好的過人生，好好的過日子，好好的珍惜與感恩著身邊的一切，這一切就足夠了！
你有好好的活著嗎？有好好的過生活嗎？

●菩薩心語

世界很大，人生很美好，多花點時間停留在美好的事物上，人生便覺得精彩豐富。

心中多些感恩，美好便能停留，一切的美好始於心中。

感恩過去，一切都是最好的安排。

人生的風景很美，世界很大，美好的事物很多，我們很幸福，知足感恩！

●菩薩心語

怎麼去除煩惱？

睡一覺醒來，努力把時間用在美好的事物上。

人生很美好，當下很美好，你所圍繞的人事物都很美好。

感恩上天所有的安排，一切都是最棒的經歷。

●菩薩心語

謝謝菩薩一直在我們身邊，謝謝菩薩的守護以及關愛。

人生中有太多的美好，太多的感恩，經歷的酸甜苦辣串連在一起是豐富生命的樂章，令人感動與感恩。

感恩我們的相遇，感恩這一切的安排，感恩菩薩一直都在。

稱念菩薩聖號：

恭請南無觀世音菩薩，恭請南無觀世音菩薩，恭請南無觀世音菩薩，

恭請南無觀世音菩薩，恭請南無觀世音菩薩，恭請南無觀世音菩薩，

恭請南無觀世音菩薩，恭請南無觀世音菩薩，恭請南無觀世音菩薩。

謝謝菩薩！感恩菩薩！菩薩我愛你！

讓我們一起稱念祝禱祝福。

關於疫情

菩薩心語

花若芬芳，蝴蝶自來。平常心，簡單的生活著，就是最大的幸福！

建議大家不要急著囤積生活用品，聽從指揮官的說法，不要擔心。

調整我們的心態，夠用就好！

現在，我認為要先把這些重要的先存好吧！

第一，存在希望不放棄：對於國家要有信心，相信阿中部長，相信我們的國家隊。

第二，存著勇敢不害怕：我們勇敢面對這些數字詭譎的變化著，不要慌張，相信政府的宣導，勇敢面對，團結齊心，一定可以保護我們的國家。

第三，存著力量做後盾：用我們的力量做為社會國家最堅強的後盾，需要我們的時候，每個人都可以相互協助幫忙。我們是生命共同體。

第四，存著智慧不亂聽不亂傳：對於不實謠言，會紛亂人心的訊息，沒經過求證，不要輕易散播，製造恐慌。

第五，存著耐心等待平靜：對於疫情起起伏伏，我們有耐心，等待疫情恢復平靜。你問什麼時候？我告訴你，大家都守法守規矩，遵守檢疫規定與原則，國家好管理，疫情好控制！

第六，保全自己的安全，就是愛家人。保護自己，就是保護家人。勤洗手，戴口罩，減少外出，減少群聚，保護自己和家人的安全。

第七，快樂一點提升免疫力，樂觀一點身體更健康！少吵架沒有飛沫，少謾罵多鼓勵，醫療人員真的辛苦了！

第八，多存一點安全感，不慌張能鎮定，就有智慧度風險。存著安全感，也可以給不安的人多點愛與安撫！

● **菩薩心語**

最近疫情的課題，大家要把身體照顧好，也要把「心」照顧好。

讓心定下來，讓心靜下來，身體就能健康沒有煩憂煩惱，自然能夠自在。

時時感恩，時時珍惜，常唸「南無觀世音菩薩」聖號。

● **菩薩心語**

善心，善語，善行，善念。

持善良的心，持好的語言，做好的事情，保持好的念頭，也就是轉念，我們要懂得轉念，不斷地把念頭轉向好的。然後不斷地幫助身邊的人，如果他們有負面的能量，要給他們一些正向的能量。

● **菩薩心語**

正向，積極，做事不拖延。

做什麼事情都要積極一點、正向一點，不可以一拖再拖、想法消極，該做就要做，該結束就要結束。

很多事情是恰到好處就好，不要太過，也不要不及。

●菩薩心語

行事友善，耐心做事。

有些人因為個性很急，做事情有時候會有一些不耐煩或是衝動，講話也呈現出很不耐煩的樣子：「你快一點好不好！」

我們做事情要更懂得友善，對待別人也要友善一點，要想到每一個人可能都玻璃心，所以不要對人不耐煩。

做事情要有一點耐心，並友善對待他人，這都是累積你福氣很重要的心念、心術。

越懂得放慢腳步，事情越能夠有好的發展，很多事情不要急，因為急了不見得有好的結果，需耐心等待。

有的人很急，想要先搶一步，但有些事情是需要時間靜心觀察等待的，是你的就是你的，不是你的也放下、不強求。

持福，積福，福德自生

每一個人經歷了一整年之後，都一定會有一些福德在身上，因為我們是有在做學習的人，不管你一年當中參加幾次座談會，可能你一整年才參加一次座談會，從這當中你一定有因為座談會、或是看了書，有一些改變。甚至於你可能在平常的時候跟同事之間的相處有一些領悟，你會用自己的方式去對應跟學習。

這些過程、這些學習都一定讓你有一些改變、變得不同。甚至於遇到挫折時你可以用心念去念轉，這些福德都一直跟著你。我們身上其實多多少少都會有很多的福氣存在著，我們希望把福氣一直不斷地持續下去。

這些福氣既然在你身上，我們就要懂得持福，帶著我們的福氣繼續去做更多的好事，去累積更多的福德。

我們自身有很多的福氣，我們可以用這個福氣去創造更多的福氣，帶來更多的福氣，而如何聚積聚集？都是靠自己。

你的善心善念如果都是一直持續的，不管遇到任何挫折，都沒有任何絲毫打敗你，讓你想要變成一個惡人、讓你想要做報復別人的事情，那麼你就是絕對擁有很大的善跟很大的福氣。

也鼓勵大家幫爸爸媽媽累積一些福德，幫爸爸媽媽添福添壽，可以用爸爸媽媽的名字捐一點白米或者捐一點錢出去，這都是我們隨手可做的，金額不論多少，白米不論幾斤，只要有心，都可以做。你也可以做完一件善事善行的時候，用爸爸媽媽的名字，回向給爸爸媽媽，其實也可以不用花錢，隨手就可以做到很多聚集福德的事情。

不要忘記，在我們富裕的社會當中，有更多貧富懸殊的問題出現，有錢的人越有錢，沒有錢的人越沒錢。

所以如果你們有一點點的能力，也可以上教育部的「學校教育儲蓄戶」平台，看一看有哪些孩子們需要幫助，就捐一點給孩子們，可以當作他們的註冊費用或是營養午餐的費用，可以幫助到正在求學的孩子們。

當然社會上還有許多需要幫助的地方，大家可以去瞭解某個公益團體發展的用意，去對他們進行你們可以做的幫助。當然有一些大機構其實並不缺錢，是小機構可能一年募集到的捐款沒有多少錢，如果有機會也可以去做這樣的善事。

如果你真的也沒有什麼錢，也能用你的力量來幫助人。

什麼叫做善布施？身教、言教，都是善布施，因為你在做一件對的事情。

也可以語言的布施，講話不要尖酸刻薄。

所以有的時候，雖然你佔盡優勢，雖然你得理可以不饒人，但我們可以不要那樣說話。

我們可不可以把每一個跟我們說話的人都當作他有敏感的玻璃心？

可能你不覺得怎麼樣的事情，你會發現別人覺得很嚴重、會傷心。

「我只是說……而已，有這麼嚴重嗎？」可能有，因為那些人可能玻璃心，站在別人不同的角度可能是這樣的。

我們可不可以盡量用我們可以有的語言去溫暖別人？

「我今天穿得漂亮嗎？」

「很好看呢！很特別！很適合你！」

講話其實可以帶給人家很溫暖的力量，一定可以的！

有的人會私密訊息問我事情，我都會很有耐心回答，因為我把別人的問題感同身受當成我自己的。

你們一定有很多人在私密訊息問過我，你們有看過我不耐煩嗎？沒有！我自己都認為我自己超有耐心。

我們都會設想別人在遇到困境的時候，他一定是求助無門，所以他來問你問題，哪怕是辦公室的人問你問題，他可能是真的覺得這件事情很嚴重、不知所措，如果你隨便回答他，他可能真的就玻璃心裂了。

盡可能的，我們用語言去溫暖別人。

我們要成為別人內心安定的力量，他遇到事情，他第一個想到來找你問，他一定是非常信任你，那麼你怎麼可以不好好善用他來問你的這個機會，可以帶給他新的觀念，他如果聽了、接受了，他幫助到他自己了，他以後一定會用這份力量再去幫助其他人，這份力量非常的大。

我們要善用我們的福氣，去聚集更多的福氣。

所以你可以幫助別人、可以給別人溫暖、拉別人一把、給別人支持依靠的時候，你要盡量做，你的自身福德就會越來越多。

你的福德越多的時候，你的力量絕對是越大的，因為你有更多的福氣存在，你越來越能夠冷靜思考某些事情，你可以給別人的意見絕對是越來越好的。

就像如果你已學習到，做很多事情不要衝動的做決定，如果有人當面傷害你或是刺激你，你知道要忍住，不要被激怒，不要去在意一些人生不太需要在意的事，人家說你時不要認真，那麼旁人衝動時你也會告訴他：「忍下來，被激怒就完了！認真就輸了！我們再慢慢思考，再慢慢想。」

當你的福德越來越多的時候，你就有更多的力量可以幫助到別人。

有的人會問：「我得到菩薩的幫助，那麼我怎麼樣謝謝菩薩？」

你好好的生活，過得很開心，過得很自在快樂，你過得很好，就是對菩薩最大的感謝了，菩薩不會在意人有沒有去廟裡還願謝謝菩薩。

你們許了願，有沒有成，自己很清楚。

有成，你為自己高興，為自己喝采，這就夠了。

沒有成，警惕自己，反省自己，要加倍努力，這就夠了。

你有沒有去到現場還願，菩薩都知道你的心。

不用那麼執著在哪一間廟宇許願就一定要回到那個廟宇去還願，那是你的誠心誠意，你願意這麼做，當然很好！

但人生總有一點不如意或不得已，沒辦法再回去，也不必太過罣礙，神明不會計較這種事情的。

如果你有聽到廟公廟婆講：「因為你就是沒回來，菩薩要給你處罰！」

你努力有成，只是為了你沒到本來的廟宇還願，菩薩就要處罰你？

這絕對不是菩薩的本意！

菩薩不會隨意處罰人的，菩薩絕對不會處罰一個願意努力的人。

善於解

善於解釋，常常把別人的言行趨向於善的、正面的解釋。

「他跟我講話講一講忽然間就走掉了？他一定有很急的事，不是他不理我。」

「他掛我電話來不及說再見？他一定有急事，他不是不理我。」

「遇到有人對我不耐煩、對我發脾氣？他今天應該心情不好。」

善於把別人對待你的，做善良的解釋，做正向的解釋。

善於把別人給你的意見、給你的對待，都往好的地方去做解釋。

不想別人是不好的，去體諒他，把很多事情都往正向的一面去解釋跟發想。

善傾聽

學習善於傾聽別人在講什麼？傾聽他想要表達的是什麼？慢慢聽，慢慢說。

講話太快，會讓人無法理解你到底要表達什麼。

你會發現，慢慢說話，比較能夠表達自己內心想要的，別人也比較能夠聽懂你想要表達的。

慢慢講，速度放慢來，也會讓人覺得比較不急躁。這都是一種學習。

寬心，放下，知足才樂

不要擔心，真的也沒什麼好擔心！看開、看淡，就能夠捨得放下。

放寬心，不要把別人的問題攬在自己身上，也不要活在別人的期待裡。

菩薩說：人生別管太多，有的時候我們先管好自己就好；人生到了某個階段就會開始了解到「失控的人生」。

什麼叫做「失控的人生」？

你想要掌控某個人，但掌控不了；想要掌控你的愛情，但掌控不了；想要掌控你的身材，但掌控不了；想要掌控你的年紀，掌控得了嗎？掌控不了；掌控時間，掌控得了嗎？掌控不了。

所以你會發現人到了一定年紀，會逐漸有一些領悟及參透，很多事情都「失控」了，這種「失控」不是失去了事情原本該走的軌道，而是你根本了解到：它已經完全不能在於你的掌控之下了。

包含你的孩子，當他們的年紀越來越大，他們不會按照你的意思去做。

例如，你希望你的孩子能早一點回家，但孩子總有自己的想法及理由，而無法滿足你的期待。

當你來到一定的年紀、領悟或成長階段時，你會發現並了解「失控」，甚至於你可以接受「失控」，因為你無能為力去控制別人，無法掌控別人要做什麼或不做什麼。

當對方不聽你的，你慢慢地可以接受他可以不在你的控制之下了。

當你可以學習接受他不做你要的選擇，而且你不會生氣，你就已經長大了。

你可以練習看看，當你的家人對你說：「我不要」，你可以回應對方說：「好啊」，但不要回答說：「隨便你」，因為這樣的回答感覺像是意氣用事，甚至讓對方覺得你是惱羞成怒。

更適合的回答內容是：「那你想要什麼？讓我了解一下」，這樣的回應方式不是為了要控制對方，而是出自關心地想要了解「失去控制」是基於什麼原因。

每個人都有自己的想法及決定，你無從干涉，所以你不能替對方做決定。

例如遇到冬至了，我們介紹過開運的方法，要吃雙數的湯圓，但若有人堅持要吃五顆，你也不要執著想要去控制他，甚至於轉個念告訴他：「這樣也很好，代表五福臨門。」他不轉，那就你轉，你就轉念，不要強迫他，反正有吃就好了。

又例如我們介紹過的開運方法是吃甜的湯圓，但偏偏有人就愛吃鹹湯圓，那就把那些鹹湯圓當成甜的吃掉，也無不可。

如同我們常聽的「把人生吃苦當吃補」，是一樣的道理，都是很好的轉念。

不要執著，不要硬要去改變別人，不要替別人做決定。

就算是設身處地為對方著想，他也不一定能聽得進去，因為他要加上自己對事情的判斷及看法。

菩薩要給大家一個想法，想想你現在的人生，以及現在當下的生活，你是為別人而活？還是為自己開心而活？這個問題有時會讓人感到心酸。

你現在的人生，包含你的工作，你的生活，以及你跟家人的相處，有的時候為了配合你的家人，配合工作，難免會失去自己想要的，這過程中必然有些取捨，這不叫做委屈，這叫做智慧，因為你懂得在這些不平靜、不和諧的生活當中，找到你可以生存的方式，跟其他人和諧地相處。

這叫智慧，這不叫委屈，所以別把自己定義的委屈一股腦地放在心中，然後潸然落淚。

但另一方面，你要去想一想，如果你人生到了現在，都是努力地為了迎合別人而失去自我，甚至連自己心中的小確幸也不顧，沒有任何一絲的開心，那麼這個時候，真的要反省一下自己究竟為了什麼而活？

雖然別人未必能帶給你幸福，但你可以帶給自己幸福，例如下班後可以吃一頓美食，偶爾為自己製造一些小確幸，你可以去珍惜。

不一定要悲觀地認為自己活到了現在都是苦痛，一定有覺得開心的時刻，那麼就去想一想那個開心的片刻，經歷了那些時刻，即使覺得只是一點點的開心，都是值得的。

再去想一想，你是為自己活？還是為別人活？

如果是為別人而活，那是偉大；如果是為自己而活，那是愛自己，也是一種幸福。不管為誰而活，都是一種愛：一個是愛別人，一個是愛自己。

但不要去否定自己的努力及付出，也不要老是覺得自己很委屈、很痛苦，我們才能好好地過下去。

人為什麼有動力可以越來越好？就是因為我們相信自己努力及付出可以得到別人的肯定。

每個人都需要得到別人的肯定，所以從現在開始，我們都要開心地去肯定別人，他們得到我們的肯定，一定會很開心。

如果可以在別人生命當中留下一點支持的力量，或者用你的堅強及「無所謂」去肯定或支持別人成就一件事，那就盡量去做，然後成為一個「無所謂」的人。

所謂的「無所謂」，就算是犧牲自己的利益及時間也沒有關係，更不會抱怨；相對地，有些人是「有所謂」的，他們幫助了別人，仍然念念不忘自己所犧牲的部分，甚至還刻意地向他人強調自己的犧牲。

如果我們可以「無所謂」地幫助他人或犧牲自己的利益，就算最後不被重視，或者不被當成重要的人，甚至真的被當成「無所謂」的人，那就太好了，為什麼？無聲的功成身退是最棒的，幫過別人的事情，做過的福德，轉眼就忘了，才是真正的「無所謂」。

從現在開始，每個人都要累積自己的福氣，持這個福氣，越來越努力。

恭請菩薩

每當遇到困難的時候，你都可以恭請菩薩，把自己的問題告訴菩薩，讓菩薩在你心中做一個依靠，並幫助你有解決問題的能力跟智慧。

有什麼問題就自己恭請菩薩，菩薩會做最好的決定，當然你要很認真的為了你自己幫助你自己，為了你自己的生活而努力。

你可以稟報你自己現在目前當下所遇到的困境或是問題，請求菩薩能夠幫助你。由你自己來告訴菩薩你想要求得什麼樣的幫助，請求菩薩給予你大智慧，能夠幫助你化解生活當中的難關。

人生中有很多的選擇，也許是在無能為力的情況下所做的選擇，或者是在不得已的當下所做的選擇，其實都是當下必然的選擇。

我們會做出那樣的決定，以及面臨這樣的事情，一定有我們所要學習的。

所以，人生不說苦，不覺得苦，是因為我們人生必須正向積極地去面對這些苦痛。當你願意面對這些苦痛的當下，你擁有的力量就會越大。

所以，誠心地接受人生當中需要學習的課題，把你現在心中所感受的苦交給菩薩，希望自己可以充滿正向積極的力量。

把你的苦交給菩薩，你可以告訴菩薩，你現在心裡到底有哪些方面的苦痛，你現在真的無能為力可以處理，請求菩薩安定你的心，幫忙把你的苦帶走，讓你留在心中的，盡是平靜，盡是安定。

把你的苦，把你所受的委屈，把你不想面對的，將這些苦痛及焦慮交給菩薩，請求菩薩幫你把苦帶走，讓你擁有力量可以重生，重新開始。

人生沒有不苦的

我個人辦事二十幾年了，辦大型座談會也已經十七年了，在這十七年的大型座談會及問事生涯中，我忽然間發現，這十幾年來的努力非常值得，因為大家越來越不需靠問事而做決定了，大家已知道怎麼跟菩薩講話，也越來越能夠靠自己的方法，去解決自己生活當中遇到的困難！

只要自己夠努力，菩薩總會派一個人出現來幫你，總會給你一個奇蹟，總會因為看見你這麼辛苦、心疼你，而幫你減少了一些痛苦，因為我們都為了自己而勇敢，為了自己很努力的付出。

人生沒有不苦的，而我跟菩薩的距離和你們跟菩薩的距離是一樣的。

你們遇到問題的時候，可以恭請菩薩九句，並跟菩薩講你現在遇到的問題；我恭請完菩薩九句，菩薩都會告訴我靠自己，有時候也真的要靠自己。

所以越接近菩薩，越應該要知道自己該怎麼做。

你可能以前不認識菩薩，既然你現在認識菩薩了，你就應知道你可以怎麼做，可以越來越好，可以去除煩惱、不要再受苦了，有一天可以跟菩薩回家。

那種心靈的苦跟煎熬，比肉體的還要更痛，所以我們寧願心裡不要再受苦了。怎麼樣可以不苦?就是看開、看淡!

平常的時候你如果遇到比較焦慮的事情，你可以深呼吸，幫助自己換氣，也能幫助自己冷靜下來、去除煩憂。

有的時候遇到很多繁雜的事情，靜下心來，停下腳步，深呼吸，讓自己換換氣也很好，換氣可以幫助你冷靜。

你可以常跟菩薩說說話，請求菩薩給予你大智慧，能夠幫助你度過目前生活當中的難關。你可以告訴菩薩你最近發生的事情、你內心的煩憂、你內心感受到的痛苦，把你心中的苦交給菩薩，請求菩薩把這些苦帶走，讓你的生活恢復平靜，讓你的生活恢復幸福自在。

歲末年終了，我們的心靈也需要做一個大掃除，把我們心中的憂慮、煩惱、痛苦，全部交給菩薩，告訴菩薩：「我現在心裡面所擔憂的這件事情，可否請求菩薩可以給予我勇敢的力量，幫助我做出最正確的決定，也幫助我擺脫這些苦痛，讓我有機會能夠重生，讓我有機會重新開始。我願意對過去自己所做的諸惡業進行懺悔，請求菩薩給予我力量，給予我大智慧，能夠讓我忘記過去，放下過去，能夠在嶄新的一年當中，開始開啟我新的人生、新的一頁。請求菩薩接受我的懺悔。」

你可以跟菩薩做祈願，請求菩薩可以給予你重生的力量、新的開始。

懺悔反省好人生

把你曾經看過的書籍、聽到菩薩講過的話、粉絲團裡面有時公布的文章，靜心下來，看一看，想一想，你會發覺，人生最實際的，其實就是把人當好。

念不念經無所謂，做不做功德無所謂，真正把人的生活過好、小孩顧好、另一半顧好、好好孝順爸爸媽媽，這才是最真實的人生，你外在所追求的一切都要回到人生當中的根本。

鼓勵大家有空就多恭請菩薩、多跟菩薩說說話。

不用去大廟見菩薩，不用去宮廟看菩薩，也許就在家裡跟菩薩講講話就好了，然後平常在你的工作當中、生活當中好好的努力。

不管你在任何地方、任何時間，只要你想要恭請菩薩，菩薩就能夠出現跟你相應。

你可以告訴菩薩最近所發生的事情，請求菩薩給予你大智慧，幫助你解決生活當中所面臨的難關，菩薩可以聽見你的祈願。

你的訴說、你的請求，菩薩都能夠因為慈悲心相應而能夠有所聽聞，能夠在無形當中給予你更多的智慧、更多的力量，幫助你安定心靈，解決困難。

只要你一心稱念南無觀世音菩薩，菩薩千處祈求千處應。

只要你聲聲念佛，念入心中，菩薩千處都在，無所不在。

一心稱念觀世音菩薩名者，心有菩薩，菩薩即為在心相應。

已經要邁向新的一年，在過去整整一年當中，也許你有做得不足的地方，或者是你可能偶爾犯下了一些過錯，你可以記錄一下你對自己未來的期許，當然更可以懺悔地寫下自己在過去這一年當中做得不足或做得不夠好的地方，反省自己對應父母親的態度是否恰當？工作上是否有所缺失？人生是否太過消極？或者負面的情緒是否太多？

過去一年我們到底做了哪些事是不應該做的，還有很多的計畫可能都沒有如預期地把它做完，我們希望很多事情可以越做越好，也祈求菩薩給我們一點機會，可以讓我們把很多事情更順利的完成。

其實我們都可以把它寫下來，這個事情可以只有自己知道，做一個懺悔，然後跟菩薩祈願在新的一年度，能夠有好的能量；有一個新的開始，不然的話，我們又會在新的一年又開始不斷地懊悔沒有做好。

也許可以做一個懺悔，也許做一個反省，更做一個提醒，期許自己在未來新的一年，能夠有一個新的開始，請求菩薩給予重生的力量，讓你結束過去不好的，並開啟新的一頁。

你可以恭請菩薩，請求菩薩赦免你過去不小心犯下的過錯，祈求在新年的開始，能夠讓自己擁有全新積極向上的好能量；也能夠具足所有的好福氣，回向給父母親，讓他們身體健康；也誠心祈念給予健康的好能量，並給予身邊親朋好友最大的祝福。

誠心的恭請菩薩，也祝福著身邊的所有親友們都能夠平安健康快樂。

從心決定好人生

揮別辛苦的一年，過去經歷的一切，反省、檢討，從中學習、體會、覺察、領悟，最重要的是改變。

改變的決定權在自己手裡，要繼續待在舒適圈，還是想要為自己努力、改變當下，都是自己的決定。

過去這一年，愛讓大家緊緊相繫，也讓大家改變了生活當中的種種，面對、承擔、柔軟、謙和，是學習，是覺醒，也更能深知生命中重要的事。

迎向未來，祈望以更多愛面對心，更多柔軟面對人，更多耐心面對事。

新的一年嶄新、重生，一切都有好的開始，從微笑、鼓勵、認真生活開始。

讓我們拋開了過去的痛苦悲傷挫折，一切都過去了，現在就是好的開始！

一切都過去了，新的一年要有新的改變，下定決心改變吧！

不強求緣分

生活中，不必強求緣分這件事情，有則珍惜，無則隨緣，就算好朋友也不必天天膩在一起，心中有彼此就好。

生活中，不必努力討好別人，不需要什麼緣分都緊抓，緣起緣滅很正常，隨緣就好，看開看淡就好。

對自己多些理解，對家人多些關心，對緣分多些取捨，把重心放在自我心靈成長，放下執著的人際關係，你會發現，輕鬆很多、自在很多。

多一些時間愛自己愛家人，多一些體會，生活真的很豐富精采。

不要在意失去，簡單生活、越少越好，告訴自己這樣很好，不執著人際關係。

人生不可能完美

人生不可能完美，但我們可以努力讓人生美好一些。

人生不可能沒有遺憾，但我們的努力就是要讓自己的人生不要有太多懊悔。

有著不完美，有著遺憾的人生，讓我們更加努力，體會著生命學習的課題，努力精進。

既然人生是來學習的，那麼就認真覺察、覺知、覺悟！讓我們的人生美好一些、快樂一些！

有遺憾也不後悔，認真生活，覺察自我內在，靜下來跟自己對話。

二〇二一年是心靈成長的一年，不放棄任何努力美好的機會，一切的不愉快都會過去的。

蛻變成長的二〇二〇

二〇二〇年的變化，讓大家學習接受改變，能夠覺察到自己內心的世界，能夠擁有內心堅定的力量，也有了更多與自己相處的機會。生活當中的這些改變，讓我們成長了，也多了省思與體會。理解了這個世界的變化，內心便能有所領悟。

二〇二一年未來的這一年，我們將會更提升自己內在的堅定。

面對外在的動盪以及改變，我們需要獲得更多心靈上的成長。

外在再如何轉變，只要內心是柔軟的、是堅定的，那麼我們的覺察覺知，會帶領我們有更深一層的感知與體會，能夠讓我們的靈性向上，擁有更多靈性的成長，讓我們免於人生的煩惱困苦。

新的一年，讓我們一起心靈成長，慢慢的、靜靜的、少少的、笑笑的。

你慢了下來，世界就跟著靜了。慾望少了，人就滿足開心了。

國家圖書館出版品預行編目資料

菩薩心語. 6 / 黃子容著. -- 初版.
-- 新北市 : 光采文化， 2021. 02
面 ； 公分. -- (智在心靈 ； 66)
ISBN 978-986-99126-4-8(平裝)
1. 生命哲學 2. 修身
191.9 110001063

智在心靈 066
菩薩心語6

作　　者	黃子容
主　　編	黃子容
封面設計	顏鵬峻
美術編輯	陳鶴心
校　　對	黃子容
出 版 者	光采文化出版事業有限公司
	新北市永和區中正路454巷6-1號1F
	電話：(02) 2926-2352
	傳真：(02) 2940-3257
	http://www.loveclass520.com.tw
法律顧問	鷹騰聯合法律事務所　林鈺雄律師
製版印刷	皇輝彩藝印刷事業有限公司

2021年2月初版

總經銷：大和書報圖書股份有限公司
地　址：新北市新莊區五工五路二號
電　話：(02) 8990-2588
傳　真：(02) 2290-1658

定價 300 元
ISBN 978-986-99126-4-8
Printed in Taiwan

luminosity luminosity luminosity
luminosity luminosity luminosity luminosity
luminosity luminosity luminosity luminosity
luminosity luminosity luminosity luminosity
luminosity luminosity luminosity luminosity
luminosity luminosity luminosity luminosity
luminosity luminosity luminosity luminosity
luminosity luminosity luminosity luminosity